Yearly log

Future log

JAN

S	M	T	W	T	F	S
					1	2
3	4	5	6	7	8	9
10	11	12	13	14	15	16
17	18	19	20	21	22	23
24	25	26	27	28	29	30
31						

FEB

S	M	T	W	T	F	S
1	2	3	4	5	6	
7	8	9	10	11	12	13
14	15	16	17	18	19	20
21	22	23	24	25	26	27
28						

MAR

S	M	T	W	T	F	S
1	2	3	4	5	6	
7	8	9	10	11	12	13
14	15	16	17	18	19	20
21	22	23	24	25	26	27
28	29	30	31			

APR

S	M	T	W	T	F	S
				1	2	3
4	5	6	7	8	9	10
11	12	13	14	15	16	17
18	19	20	21	22	23	24
25	26	27	28	29	30	

MAY

S	M	T	W	T	F	S
						1
2	3	4	5	6	7	8
9	10	11	12	13	14	15
16	17	18	19	20	21	22
23	24	25	26	27	28	29
30	31					

JUN

S	M	T	W	T	F	S
		1	2	3	4	5
6	7	8	9	10	11	12
13	14	15	16	17	18	19
20	21	22	23	24	25	26
27	28	29	30			

Calendar 2021

JANUARY
S	M	T	W	T	F	S
					1	2
3	4	5	6	7	8	9
10	11	12	13	14	15	16
17	18	19	20	21	22	23
24	25	26	27	28	29	30
31						

FEBRUARY
S	M	T	W	T	F	S
	1	2	3	4	5	6
7	8	9	10	11	12	13
14	15	16	17	18	19	20
21	22	23	24	25	26	27
28						

MARCH
S	M	T	W	T	F	S
	1	2	3	4	5	6
7	8	9	10	11	12	13
14	15	16	17	18	19	20
21	22	23	24	25	26	27
28	29	30	31			

APRIL
S	M	T	W	T	F	S
				1	2	3
4	5	6	7	8	9	10
11	12	13	14	15	16	17
18	19	20	21	22	23	24
25	26	27	28	29	30	

MAY
S	M	T	W	T	F	S
						1
2	3	4	5	6	7	8
9	10	11	12	13	14	15
16	17	18	19	20	21	22
23	24	25	26	27	28	29
30	31					

JUNE
S	M	T	W	T	F	S
		1	2	3	4	5
6	7	8	9	10	11	12
13	14	15	16	17	18	19
20	21	22	23	24	25	26
27	28	29	30			

JULY
S	M	T	W	T	F	S
				1	2	3
4	5	6	7	8	9	10
11	12	13	14	15	16	17
18	19	20	21	22	23	24
25	26	27	28	29	30	31

AUGUST
S	M	T	W	T	F	S
1	2	3	4	5	6	7
8	9	10	11	12	13	14
15	16	17	18	19	20	21
22	23	24	25	26	27	28
29	30	31				

SEPTEMBER
S	M	T	W	T	F	S
			1	2	3	4
5	6	7	8	9	10	11
12	13	14	15	16	17	18
19	20	21	22	23	24	25
26	27	28	29	30		

OCTOBER
S	M	T	W	T	F	S
					1	2
3	4	5	6	7	8	9
10	11	12	13	14	15	16
17	18	19	20	21	22	23
24	25	26	27	28	29	30
31						

NOVEMBER
S	M	T	W	T	F	S
	1	2	3	4	5	6
7	8	9	10	11	12	13
14	15	16	17	18	19	20
21	22	23	24	25	26	27
28	29	30				

DECEMBER
S	M	T	W	T	F	S
			1	2	3	4
5	6	7	8	9	10	11
12	13	14	15	16	17	18
19	20	21	22	23	24	25
26	27	28	29	30	31	

Bullet Key

- ☐ TASK
- ☑ STARTED
- ■ COMPLETED
- ☐ ~~CANCELED~~
- » MIGRATED
- « SCHEDULED
- ○ EVENT
- △ APPOINTMENT
- − NOTE
- ✳ IMPORTANT
- 🎁 BIRTHDAY

- ◔ DEADLINE
- ୨ QUESTION
- ♡ IDEA
- $ EXPENSES

Future log

JUL

S	M	T	W	T	F	S
				1	2	3
4	5	6	7	8	9	10
11	12	13	14	15	16	17
18	19	20	21	22	23	24
25	26	27	28	29	30	31

AUG

S	M	T	W	T	F	S
1	2	3	4	5	6	7
8	9	10	11	12	13	14
15	16	17	18	19	20	21
22	23	24	25	26	27	28
29	30	31				

SEP

S	M	T	W	T	F	S
			1	2	3	4
5	6	7	8	9	10	11
12	13	14	15	16	17	18
19	20	21	22	23	24	25
26	27	28	29	30		

OCT

S	M	T	W	T	F	S
					1	2
3	4	5	6	7	8	9
10	11	12	13	14	15	16
17	18	19	20	21	22	23
24	25	26	27	28	29	30
31						

NOV

S	M	T	W	T	F	S
	1	2	3	4	5	6
7	8	9	10	11	12	13
14	15	16	17	18	19	20
21	22	23	24	25	26	27
28	29	30				

DEC

S	M	T	W	T	F	S
			1	2	3	4
5	6	7	8	9	10	11
12	13	14	15	16	17	18
19	20	21	22	23	24	25
26	27	28	29	30	31	

Coloring Page

Monthly log

January
MONTHLY LOG

NOTE

SUN	MON	TUE	WED
3	4	5	6
10	11	12	13
17	18	19	20
24	25	26	27

THU	FRI	SAT
	1	2
7	8	9
14	15	16
21	22	23
28	29	30	31

February

MONTHLY LOG

SUN	MON	TUE	WED
	1	2	3
7	8	9	10
14	15	16	17
21	22	23	24
28			

THU	FRI	SAT
4	5	6
11	12	13
18	19	20
25	26	27

March

MONTHLY LOG

SUN	MON	TUE	WED
	1	2	3
7	8	9	10
14	15	16	17
21	22	23	24
28	29	30	31

THU	FRI	SAT	NOTE
4	5	6	
11	12	13	
18	19	20	
25	26	27	

MONTHLY LOG

SUN	MON	TUE	WED
4	5	6	7
11	12	13	14
18	19	20	21
25	26	27	28

THU	FRI	SAT
1	2	3
8	9	10
15	16	17
22	23	24
29	30	

May
MONTHLY LOG
NOTE
SUN
MON
TUE
WED
2
3
4
5
9
10
11
12
16
17
18
19
23
24
25
26

THU	FRI	SAT
		1
6	7	8
13	14	15
20	21	22
27	28	29

30
31

MONTHLY LOG

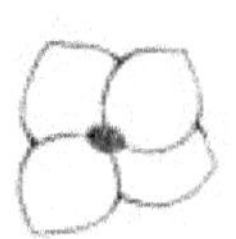
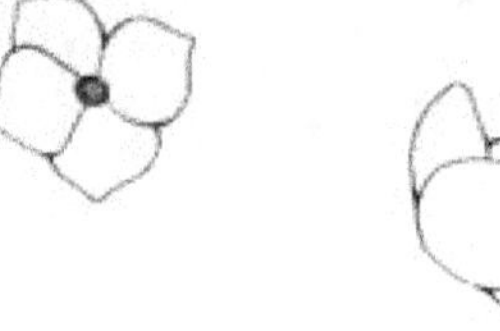

SUN	MON	TUE	WED
		1	2
6	7	8	9
13	14	15	16
20	21	22	23
27	28	29	30

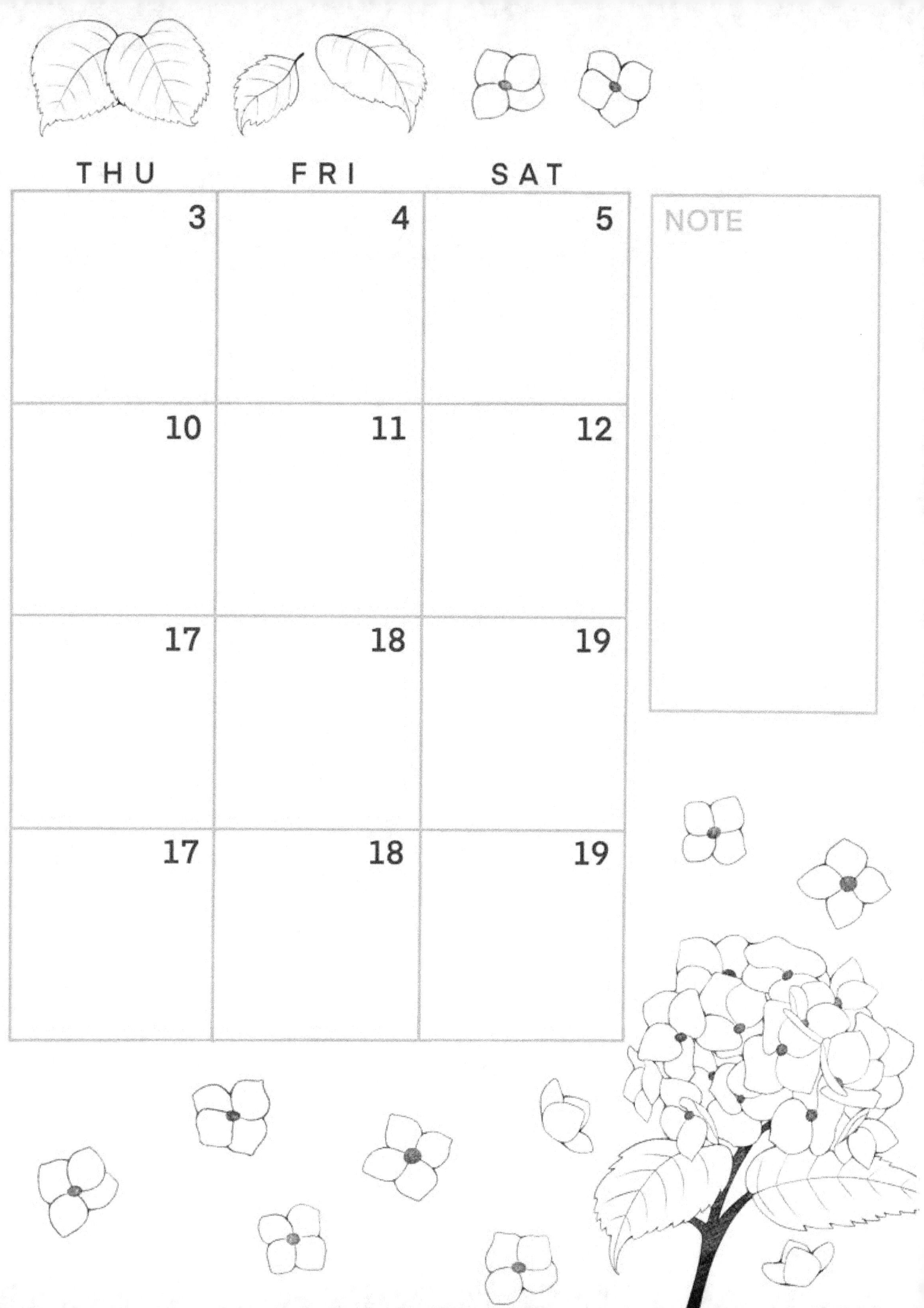
THU
FRI
SAT
3
4
5
NOTE
10
11
12
17
18
19
17
18
19

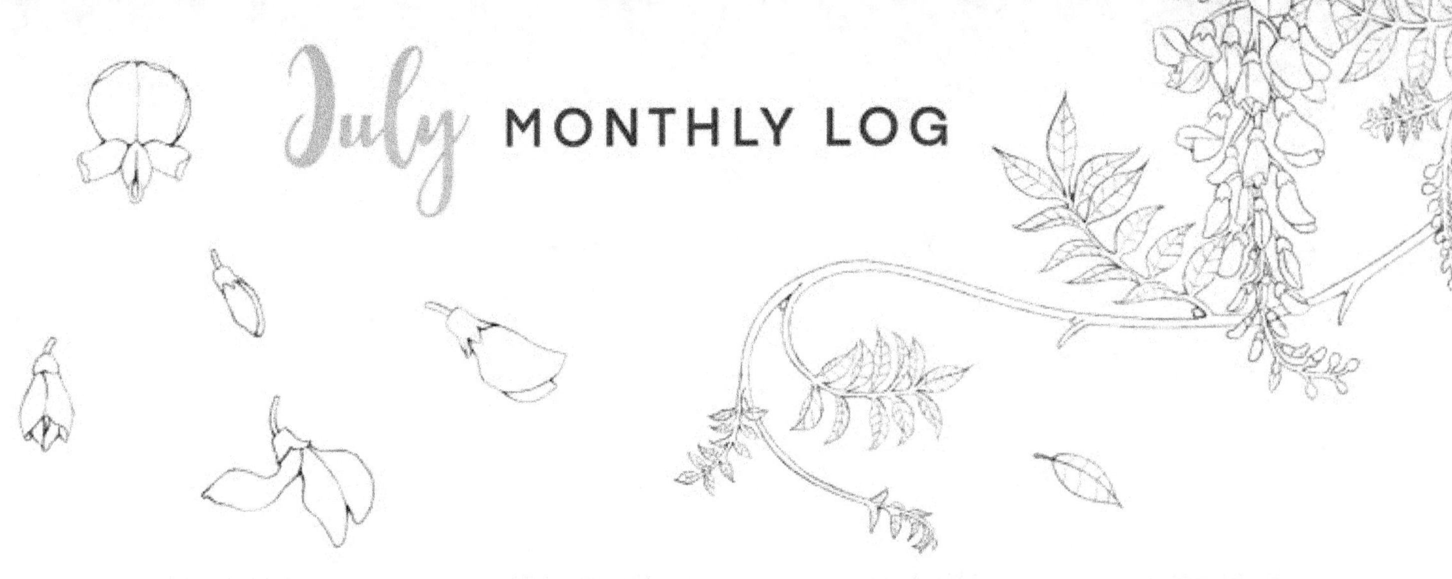

July MONTHLY LOG

SUN	MON	TUE	WED
4	5	6	7
11	12	13	14
18	19	20	21
25	26	27	28

THU	FRI	SAT	
1	2	3	
8	9	10	
15	16	17	
22	23	24	
29	30	31	

August MONTHLY LOG

SUN	MON	TUE	WED
1	2	3	4
8	9	10	11
15	16	17	18
22	23	24	25
29	30	31	

THU	FRI	SAT	NOTE
5	6	7	
12	13	14	
19	20	21	
26	27	28	

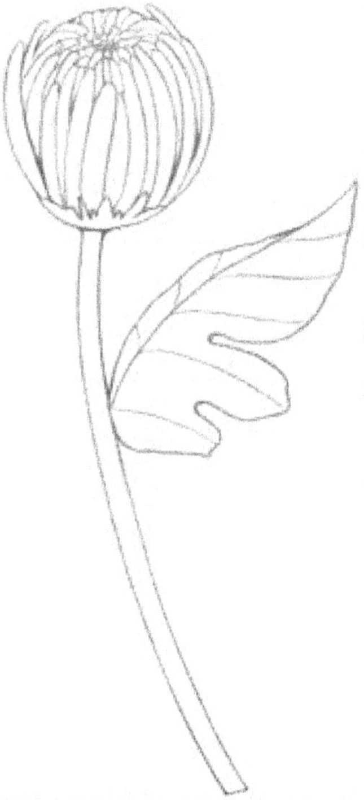

September
MONTHLY LOG

SUN	MON	TUE	WED
			1
5	6	7	8
12	13	14	15
19	20	21	22
26	27	28	29

THU	FRI	SAT
2	3	4
9	10	11
16	17	18
23	24	25
30		

October  MONTHLY LOG

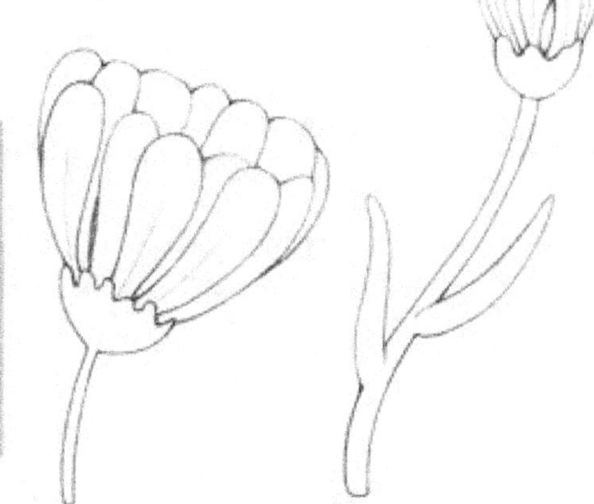

NOTE

SUN	MON	TUE	WED
3	4	5	6
10	11	12	13
17	18	19	20
24	25	26	27

THU	FRI	SAT
	1	2
7	8	9
14	15	16
21	22	23
28	29	30	31

November MONTHLY LOG

SUN	MON	TUE	WED
	1	2	3
7	8	9	10
14	15	16	18
21	22	23	24
28	29	30	

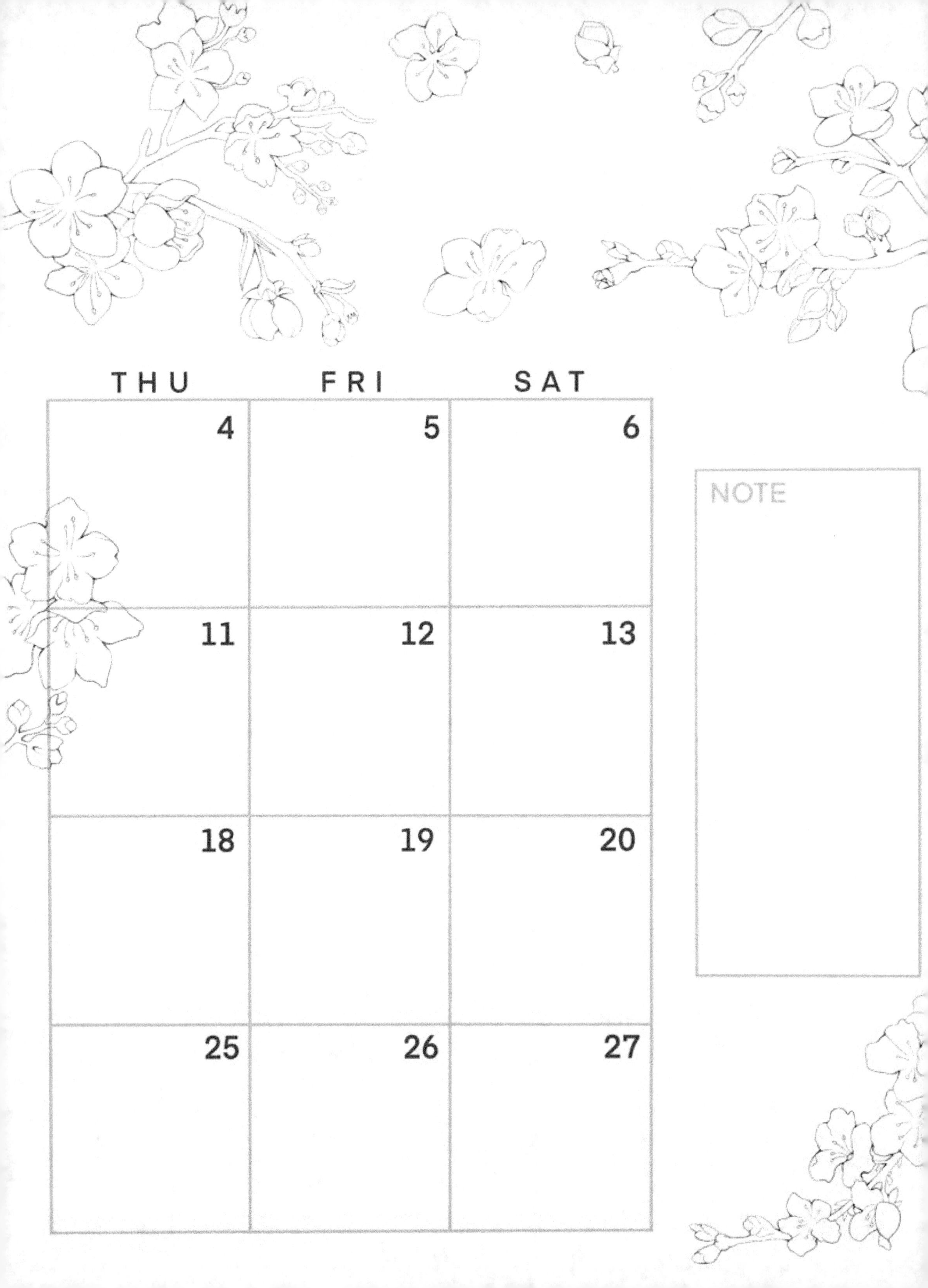
THU
FRI
SAT
4
5
6
11
12
13
18
19
20
25
26
27
NOTE

December — MONTHLY LOG

SUN	MON	TUE	WED
			1
5	6	7	8
12	13	14	15
19	20	21	22
26	27	28	29

THU	FRI	SAT
2	3	4
9	10	11
16	17	18
23	24	25
30	31	

NOTE

weekly log

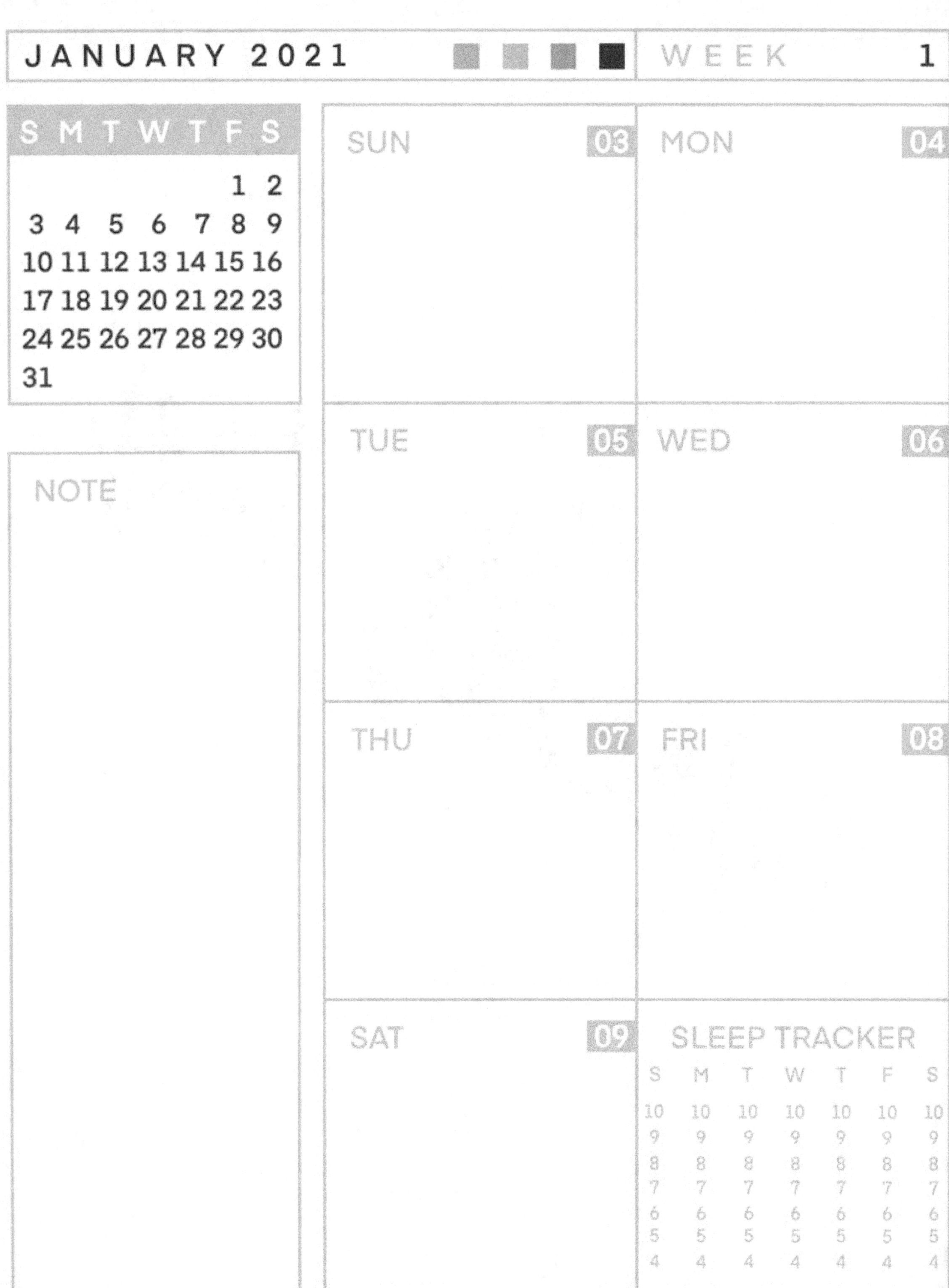

JANUARY 2021
WEEK 1
S M T W T F S
1 2
3 4 5 6 7 8 9
10 11 12 13 14 15 16
17 18 19 20 21 22 23
24 25 26 27 28 29 30
31
SUN 03
MON 04
TUE 05
WED 06
THU 07
FRI 08
SAT 09
NOTE
SLEEP TRACKER
S M T W T F S
10 10 10 10 10 10 10
9 9 9 9 9 9 9
8 8 8 8 8 8 8
7 7 7 7 7 7 7
6 6 6 6 6 6 6
5 5 5 5 5 5 5
4 4 4 4 4 4 4

S	M	T	W	T	F	S
					1	2
3	4	5	6	7	8	9
10	11	12	13	14	15	16
17	18	19	20	21	22	23
24	25	26	27	28	29	30
31						

NOTE

SUN 10

MON 11

TUE 12

WED 13

THU 14

FRI 15

SAT 16

SLEEP TRACKER

S	M	T	W	T	F	S
10	10	10	10	10	10	10
9	9	9	9	9	9	9
8	8	8	8	8	8	8
7	7	7	7	7	7	7
6	6	6	6	6	6	6
5	5	5	5	5	5	5
4	4	4	4	4	4	4

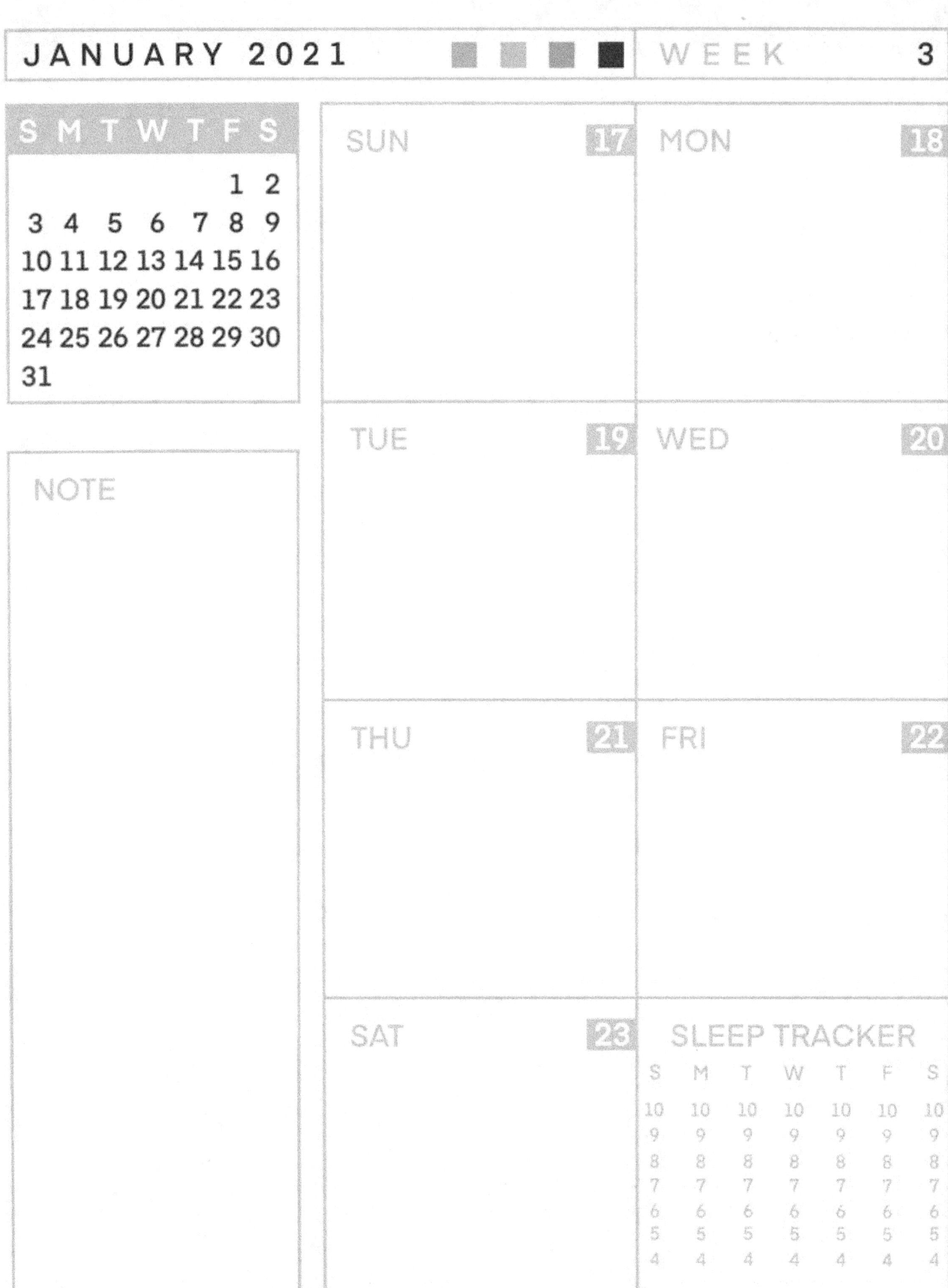

JANUARY 2021
WEEK 3
S M T W T F S
1 2
3 4 5 6 7 8 9
10 11 12 13 14 15 16
17 18 19 20 21 22 23
24 25 26 27 28 29 30
31
NOTE
SUN 17
MON 18
TUE 19
WED 20
THU 21
FRI 22
SAT 23
SLEEP TRACKER
S M T W T F S
10 10 10 10 10 10 10
9 9 9 9 9 9 9
8 8 8 8 8 8 8
7 7 7 7 7 7 7
6 6 6 6 6 6 6
5 5 5 5 5 5 5
4 4 4 4 4 4 4

JANUARY 2021　　■ ■ ■ ■　　WEEK　4

S	M	T	W	T	F	S
					1	2
3	4	5	6	7	8	9
10	11	12	13	14	15	16
17	18	19	20	21	22	23
24	25	26	27	28	29	30
31						

NOTE

SUN 24

MON 25

TUE 26

WED 27

THU 28

FRI 29

SAT 30

SLEEP TRACKER

S	M	T	W	T	F	S
10	10	10	10	10	10	10
9	9	9	9	9	9	9
8	8	8	8	8	8	8
7	7	7	7	7	7	7
6	6	6	6	6	6	6
5	5	5	5	5	5	5
4	4	4	4	4	4	4

JANUARY 2021 | WEEK 5

S	M	T	W	T	F	S
					1	2
3	4	5	6	7	8	9
10	11	12	13	14	15	16
17	18	19	20	21	22	23
24	25	26	27	28	29	30
31						

NOTE

SUN 31

MON 01

TUE 02

WED 03

THU 04

FRI 05

SAT 06

SLEEP TRACKER

S	M	T	W	T	F	S
10	10	10	10	10	10	10
9	9	9	9	9	9	9
8	8	8	8	8	8	8
7	7	7	7	7	7	7
6	6	6	6	6	6	6
5	5	5	5	5	5	5
4	4	4	4	4	4	4

FEBRUARY 2021

WEEK 6

S	M	T	W	T	F	S
	1	2	3	4	5	6
7	8	9	10	11	12	13
14	15	16	17	18	19	20
21	22	23	24	25	26	27
28						

NOTE

SUN 07

MON 08

TUE 09

WED 10

THU 11

FRI 12

SAT 13

SLEEP TRACKER

S	M	T	W	T	F	S
10	10	10	10	10	10	10
9	9	9	9	9	9	9
8	8	8	8	8	8	8
7	7	7	7	7	7	7
6	6	6	6	6	6	6
5	5	5	5	5	5	5
4	4	4	4	4	4	4

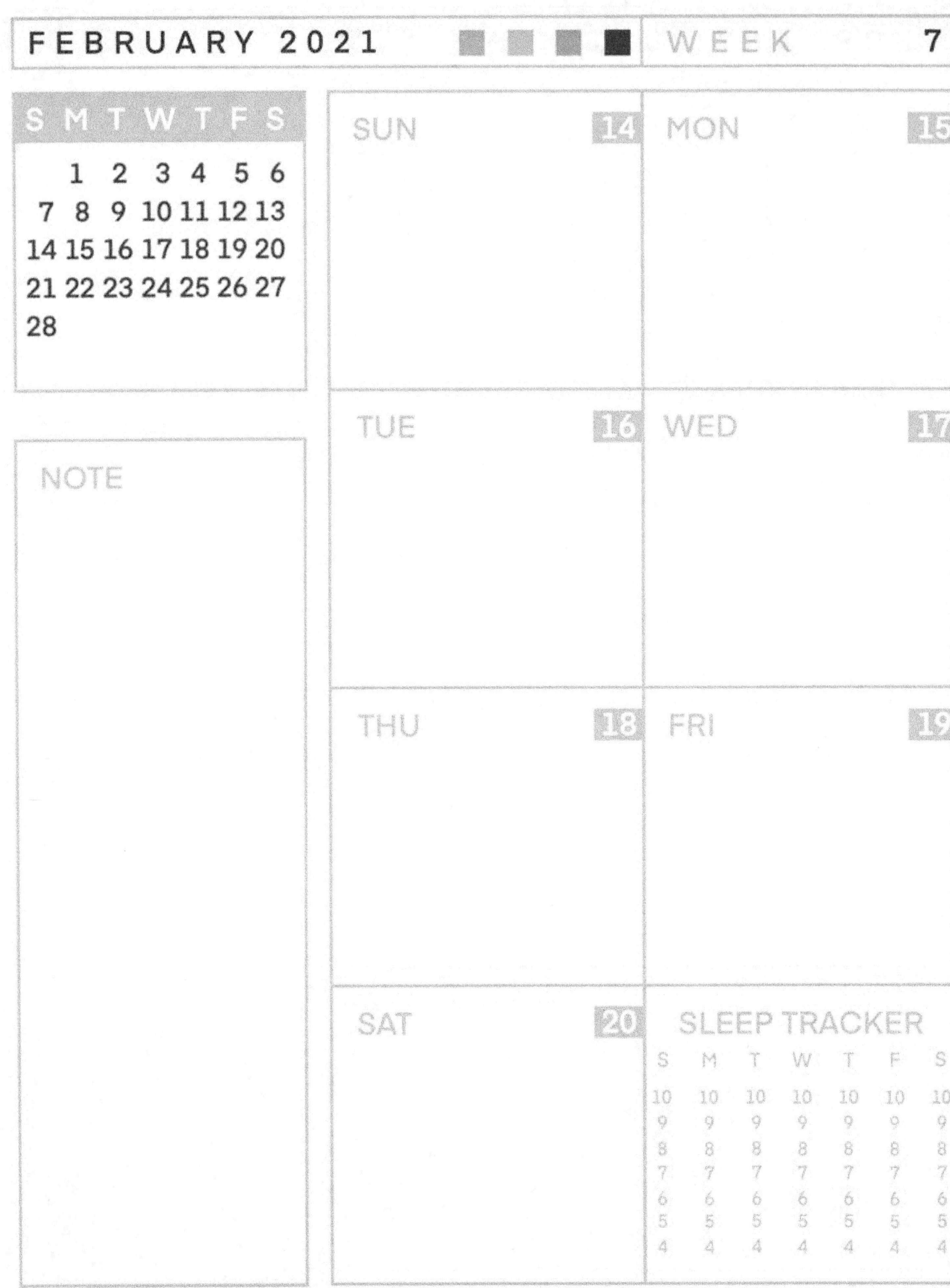

S M T W T F S
1 2 3 4 5 6
7 8 9 10 11 12 13
14 15 16 17 18 19 20
21 22 23 24 25 26 27
28

NOTE

SUN 14
MON 15
TUE 16
WED 17
THU 18
FRI 19
SAT 20

SLEEP TRACKER
S M T W T F S
10 10 10 10 10 10 10
9 9 9 9 9 9 9
8 8 8 8 8 8 8
7 7 7 7 7 7 7
6 6 6 6 6 6 6
5 5 5 5 5 5 5
4 4 4 4 4 4 4

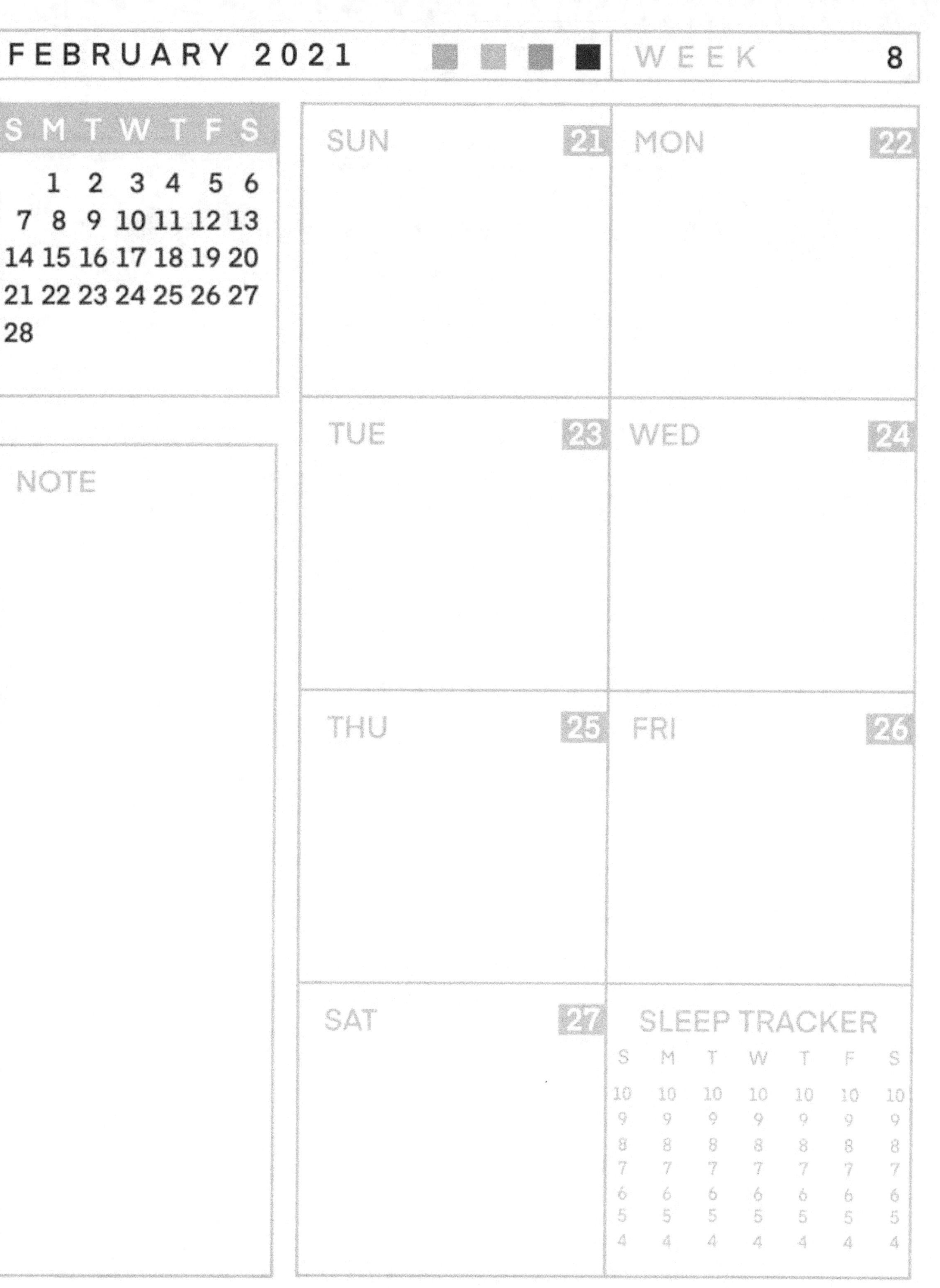

FEBRUARY 2021
WEEK 8

S M T W T F S
1 2 3 4 5 6
7 8 9 10 11 12 13
14 15 16 17 18 19 20
21 22 23 24 25 26 27
28

NOTE

SUN 21
MON 22
TUE 23
WED 24
THU 25
FRI 26
SAT 27

SLEEP TRACKER
S M T W T F S
10 10 10 10 10 10 10
9 9 9 9 9 9 9
8 8 8 8 8 8 8
7 7 7 7 7 7 7
6 6 6 6 6 6 6
5 5 5 5 5 5 5
4 4 4 4 4 4 4

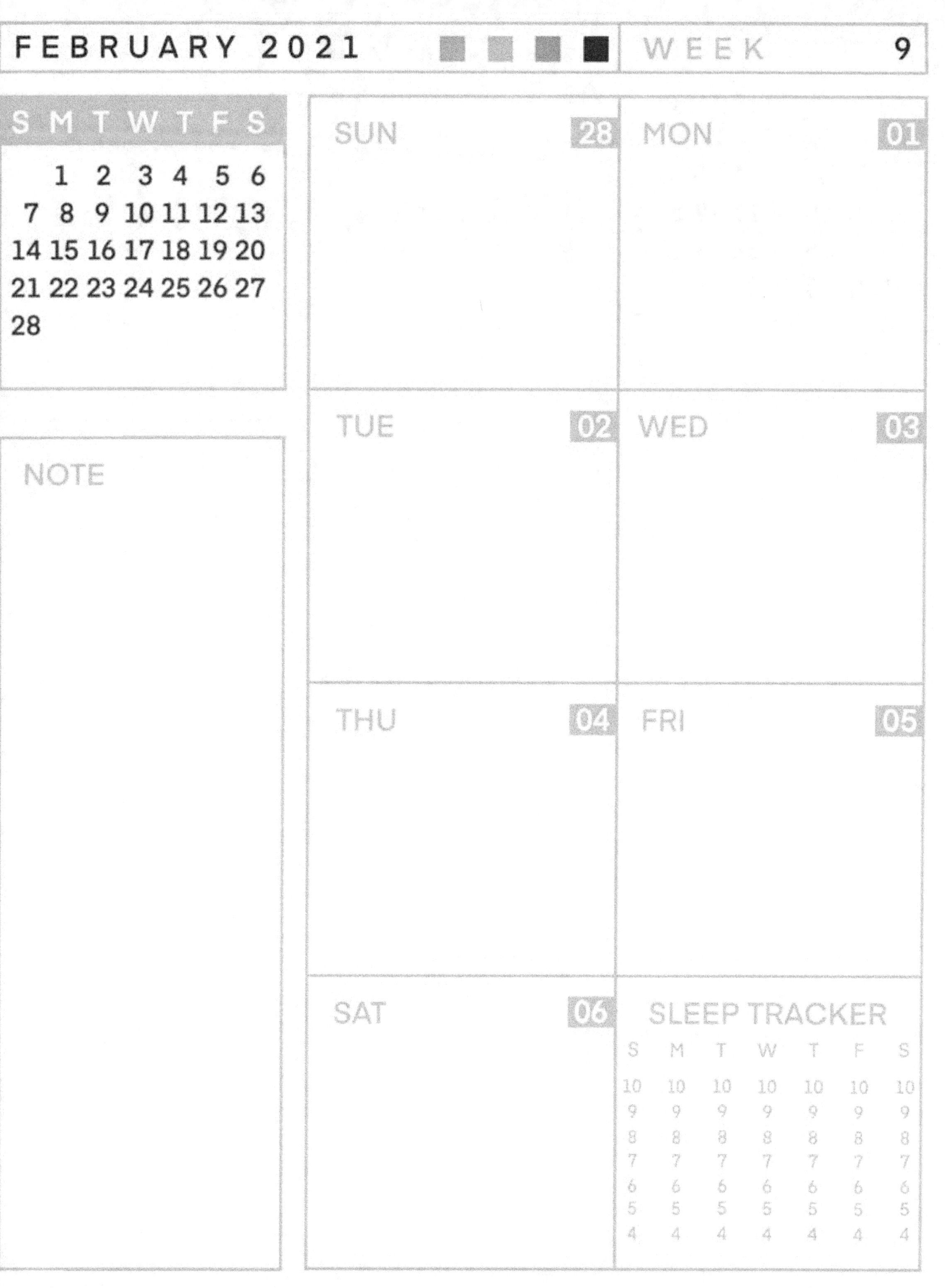

FEBRUARY 2021
WEEK 9

S M T W T F S
1 2 3 4 5 6
7 8 9 10 11 12 13
14 15 16 17 18 19 20
21 22 23 24 25 26 27
28

NOTE

SUN 28
MON 01
TUE 02
WED 03
THU 04
FRI 05
SAT 06

SLEEP TRACKER
S M T W T F S
10 10 10 10 10 10 10
9 9 9 9 9 9 9
8 8 8 8 8 8 8
7 7 7 7 7 7 7
6 6 6 6 6 6 6
5 5 5 5 5 5 5
4 4 4 4 4 4 4

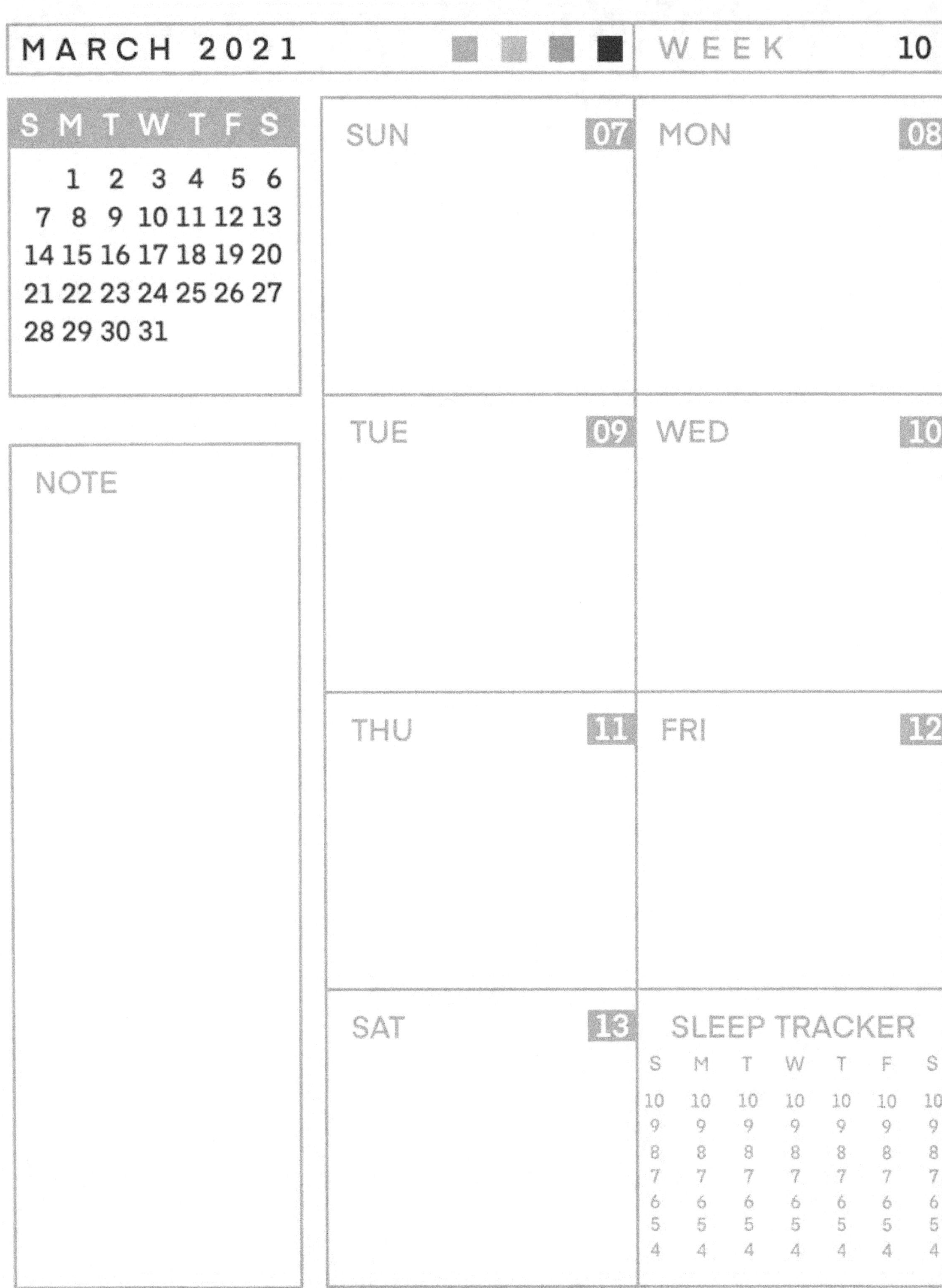

MARCH 2021

WEEK 10

S M T W T F S
1 2 3 4 5 6
7 8 9 10 11 12 13
14 15 16 17 18 19 20
21 22 23 24 25 26 27
28 29 30 31

NOTE

SUN 07
MON 08
TUE 09
WED 10
THU 11
FRI 12
SAT 13

SLEEP TRACKER
S M T W T F S
10 10 10 10 10 10 10
9 9 9 9 9 9 9
8 8 8 8 8 8 8
7 7 7 7 7 7 7
6 6 6 6 6 6 6
5 5 5 5 5 5 5
4 4 4 4 4 4 4

S	M	T	W	T	F	S
	1	2	3	4	5	6
7	8	9	10	11	12	13
14	15	16	17	18	19	20
21	22	23	24	25	26	27
28	29	30	31			

NOTE

SUN 14

MON 15

TUE 16

WED 17

THU 18

FRI 19

SAT 20

SLEEP TRACKER

S	M	T	W	T	F	S
10	10	10	10	10	10	10
9	9	9	9	9	9	9
8	8	8	8	8	8	8
7	7	7	7	7	7	7
6	6	6	6	6	6	6
5	5	5	5	5	5	5
4	4	4	4	4	4	4

S	M	T	W	T	F	S
					1	2	3	4	5	6

1 2 3 4 5 6
7 8 9 10 11 12 13
14 15 16 17 18 19 20
21 22 23 24 25 26 27
28 29 30 31

NOTE

SUN 21

MON 22

TUE 23

WED 24

THU 25

FRI 26

SAT 27

SLEEP TRACKER

S	M	T	W	T	F	S
10	10	10	10	10	10	10
9	9	9	9	9	9	9
8	8	8	8	8	8	8
7	7	7	7	7	7	7
6	6	6	6	6	6	6
5	5	5	5	5	5	5
4	4	4	4	4	4	4

S	M	T	W	T	F	S
	1	2	3	4	5	6
7	8	9	10	11	12	13
14	15	16	17	18	19	20
21	22	23	24	25	26	27
28	29	30	31			

NOTE

SUN 28

MON 29

TUE 30

WED 31

THU 01

FRI 02

SAT 03

SLEEP TRACKER

S	M	T	W	T	F	S
10	10	10	10	10	10	10
9	9	9	9	9	9	9
8	8	8	8	8	8	8
7	7	7	7	7	7	7
6	6	6	6	6	6	6
5	5	5	5	5	5	5
4	4	4	4	4	4	4

S	M	T	W	T	F	S
				1	2	3
4	5	6	7	8	9	10
11	12	13	14	15	16	17
18	19	20	21	22	23	24
25	26	27	28	29	30	

NOTE

SUN 04

MON 05

TUE 06

WED 07

THU 08

FRI 09

SAT 10

SLEEP TRACKER

S	M	T	W	T	F	S
10	10	10	10	10	10	10
9	9	9	9	9	9	9
8	8	8	8	8	8	8
7	7	7	7	7	7	7
6	6	6	6	6	6	6
5	5	5	5	5	5	5
4	4	4	4	4	4	4

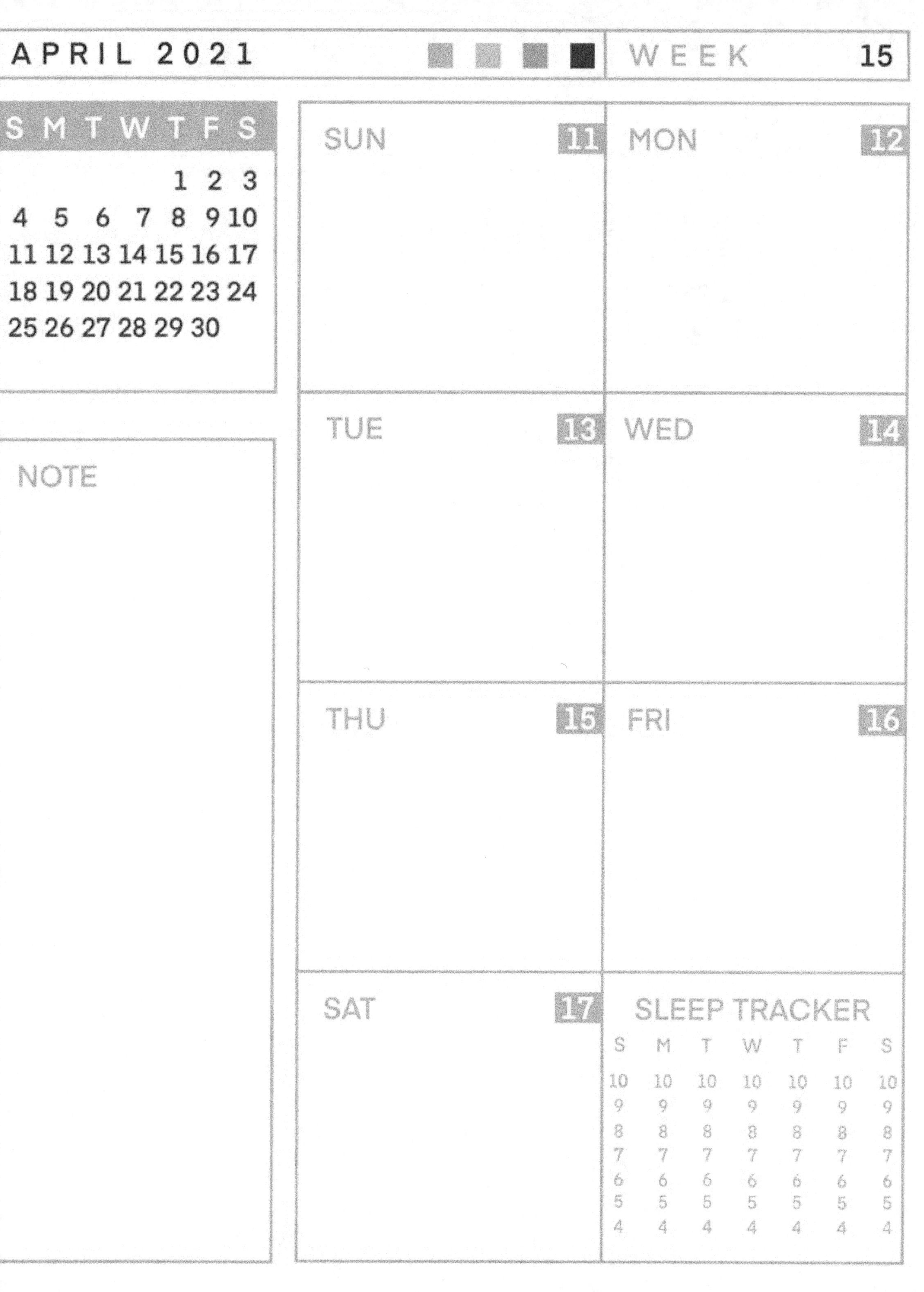

APRIL 2021
WEEK 15

S M T W T F S
1 2 3
4 5 6 7 8 9 10
11 12 13 14 15 16 17
18 19 20 21 22 23 24
25 26 27 28 29 30

NOTE

SUN 11
MON 12
TUE 13
WED 14
THU 15
FRI 16
SAT 17

SLEEP TRACKER
S M T W T F S
10 10 10 10 10 10 10
9 9 9 9 9 9 9
8 8 8 8 8 8 8
7 7 7 7 7 7 7
6 6 6 6 6 6 6
5 5 5 5 5 5 5
4 4 4 4 4 4 4

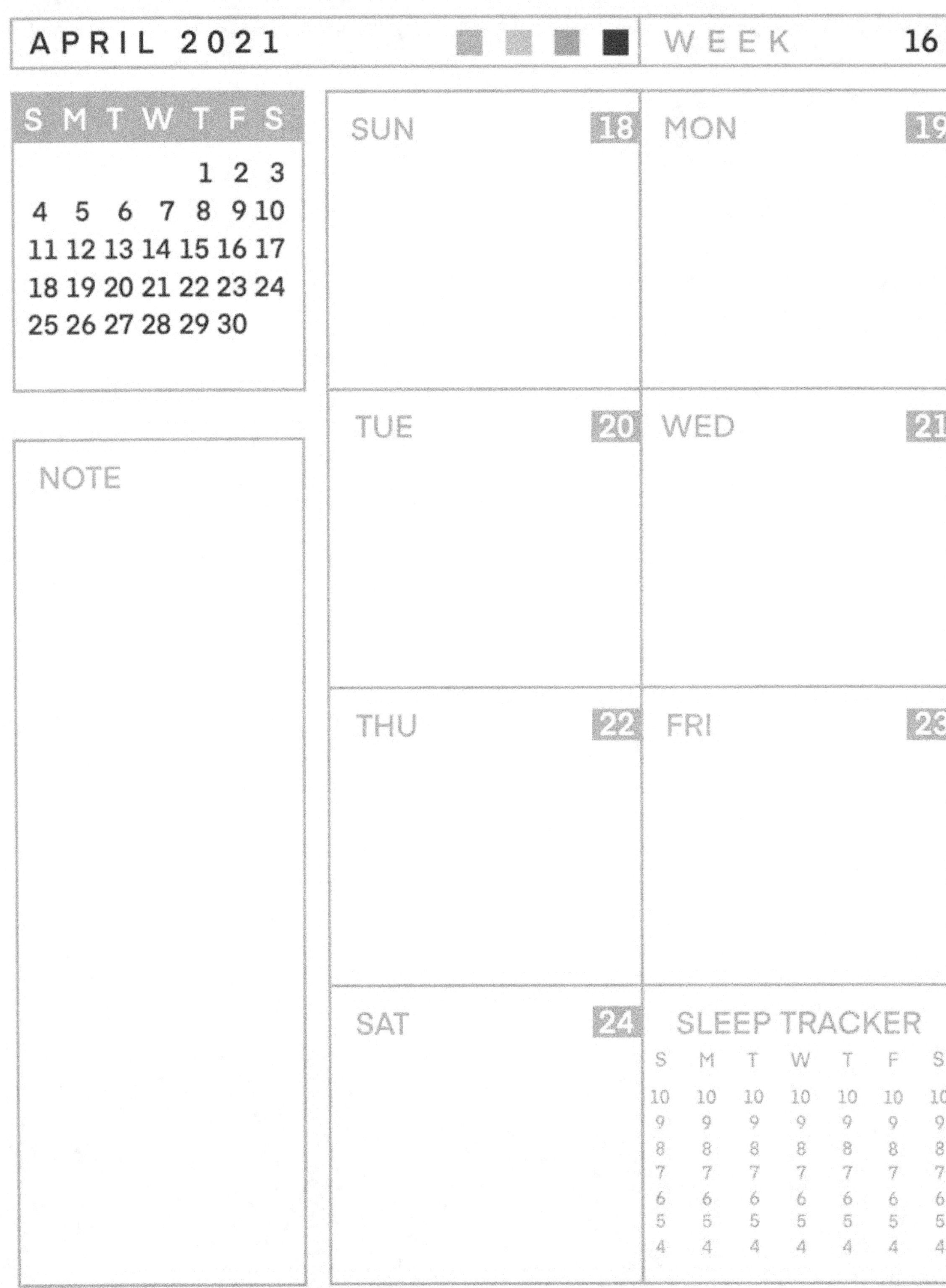

APRIL 2021
WEEK 16

S M T W T F S
1 2 3
4 5 6 7 8 9 10
11 12 13 14 15 16 17
18 19 20 21 22 23 24
25 26 27 28 29 30

NOTE

SUN 18
MON 19
TUE 20
WED 21
THU 22
FRI 23
SAT 24

SLEEP TRACKER
S M T W T F S
10 10 10 10 10 10 10
9 9 9 9 9 9 9
8 8 8 8 8 8 8
7 7 7 7 7 7 7
6 6 6 6 6 6 6
5 5 5 5 5 5 5
4 4 4 4 4 4 4

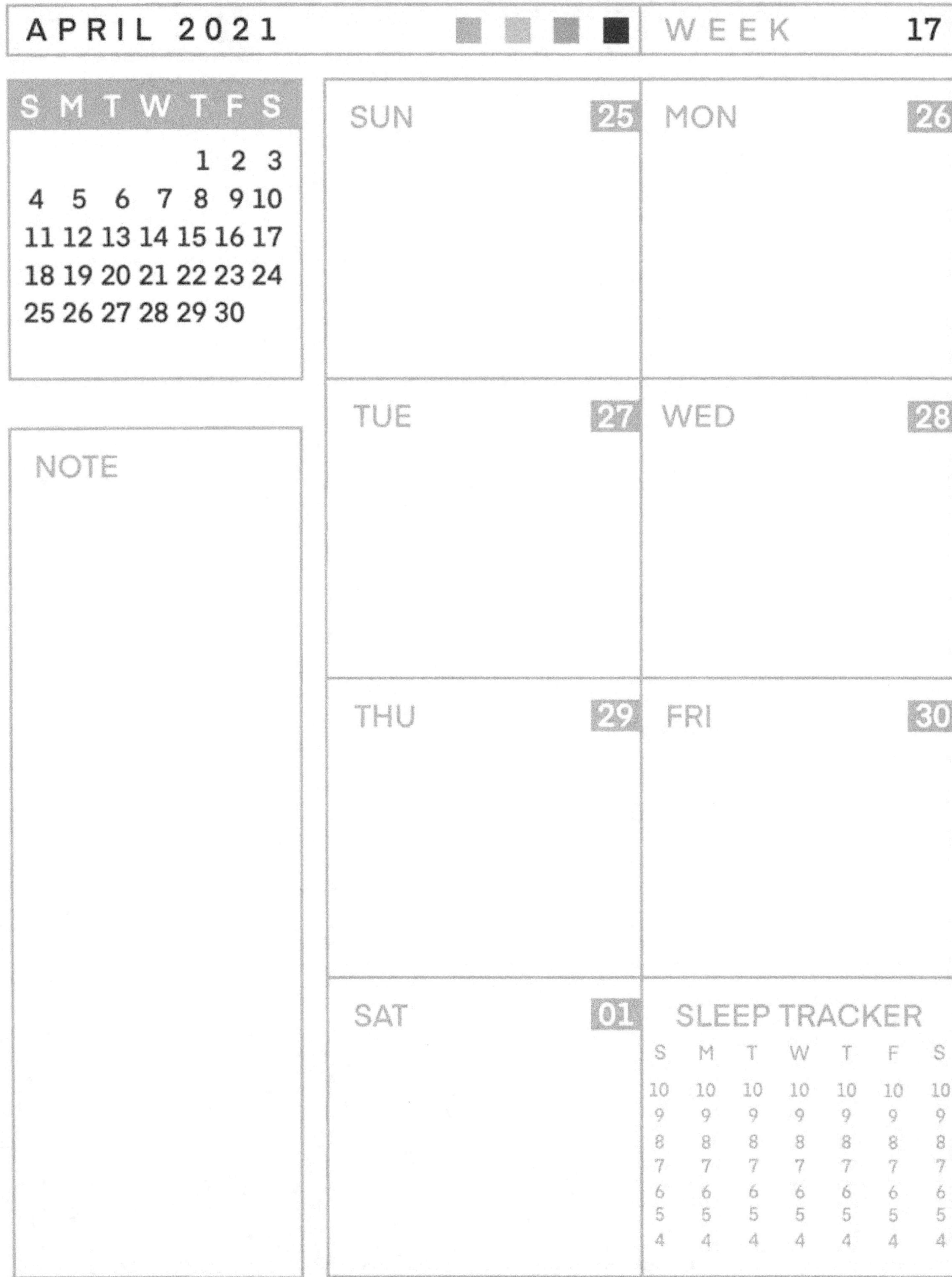

APRIL 2021

WEEK 17

S	M	T	W	T	F	S
				1	2	3
4	5	6	7	8	9	10
11	12	13	14	15	16	17
18	19	20	21	22	23	24
25	26	27	28	29	30	

NOTE

SUN 25

MON 26

TUE 27

WED 28

THU 29

FRI 30

SAT 01

SLEEP TRACKER

S	M	T	W	T	F	S
10	10	10	10	10	10	10
9	9	9	9	9	9	9
8	8	8	8	8	8	8
7	7	7	7	7	7	7
6	6	6	6	6	6	6
5	5	5	5	5	5	5
4	4	4	4	4	4	4

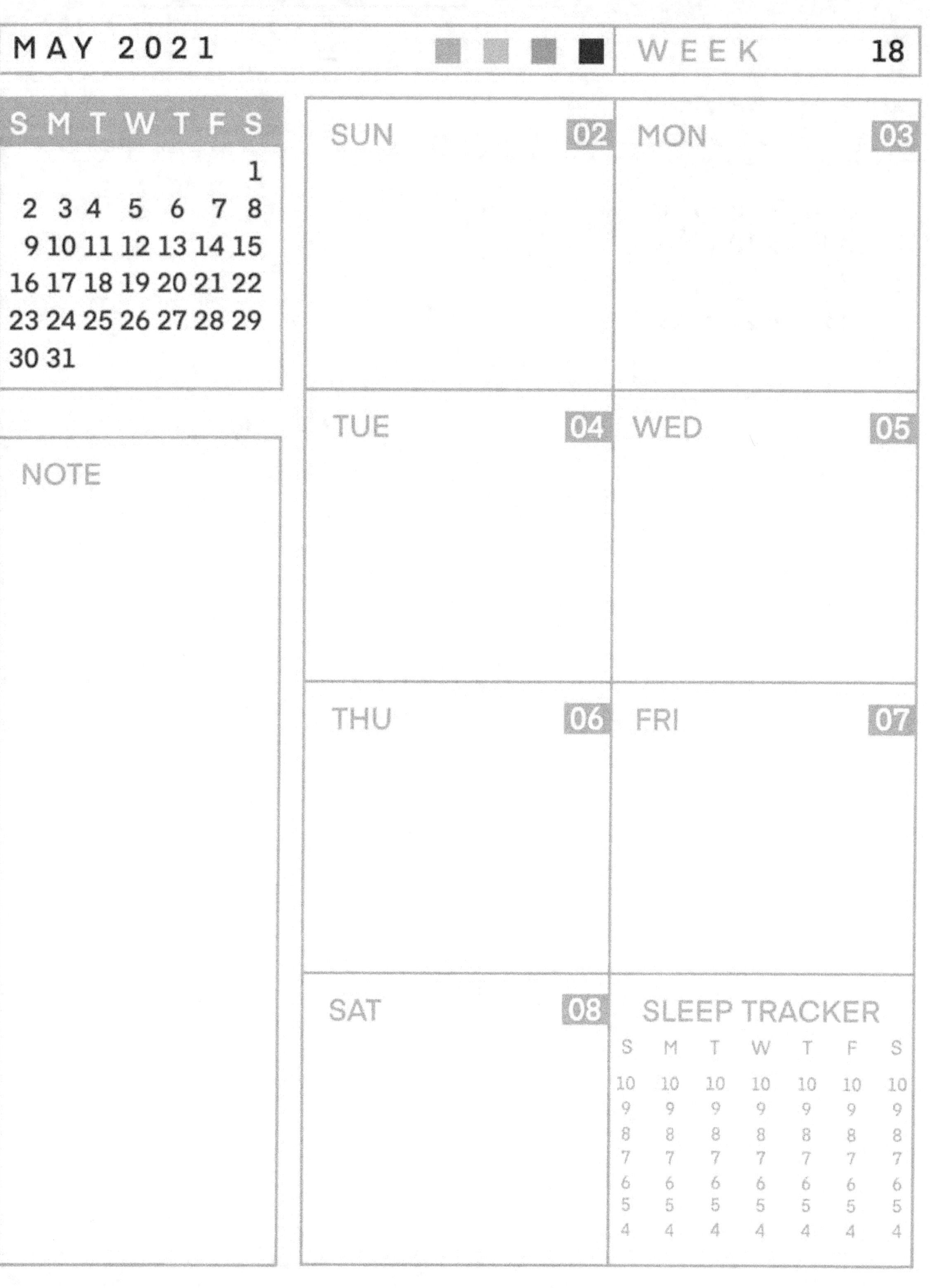

MAY 2021
WEEK 18
S M T W T F S
1
2 3 4 5 6 7 8
9 10 11 12 13 14 15
16 17 18 19 20 21 22
23 24 25 26 27 28 29
30 31
NOTE
SUN 02
MON 03
TUE 04
WED 05
THU 06
FRI 07
SAT 08
SLEEP TRACKER
S M T W T F S
10 10 10 10 10 10 10
9 9 9 9 9 9 9
8 8 8 8 8 8 8
7 7 7 7 7 7 7
6 6 6 6 6 6 6
5 5 5 5 5 5 5
4 4 4 4 4 4 4

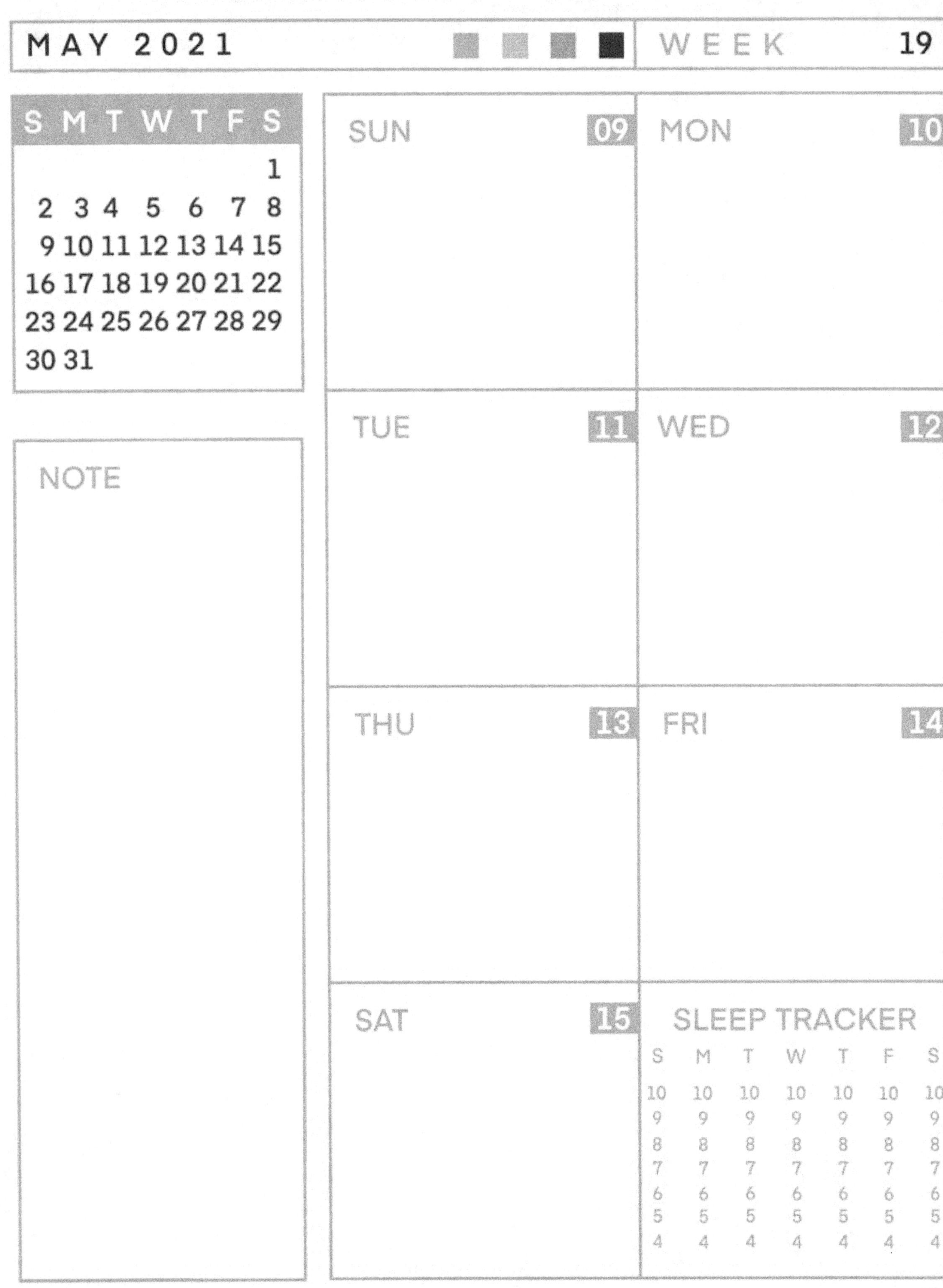

S	M	T	W	T	F	S
						1
2	3	4	5	6	7	8
9	10	11	12	13	14	15
16	17	18	19	20	21	22
23	24	25	26	27	28	29
30	31					

NOTE

SUN 09

MON 10

TUE 11

WED 12

THU 13

FRI 14

SAT 15

SLEEP TRACKER

S	M	T	W	T	F	S
10	10	10	10	10	10	10
9	9	9	9	9	9	9
8	8	8	8	8	8	8
7	7	7	7	7	7	7
6	6	6	6	6	6	6
5	5	5	5	5	5	5
4	4	4	4	4	4	4

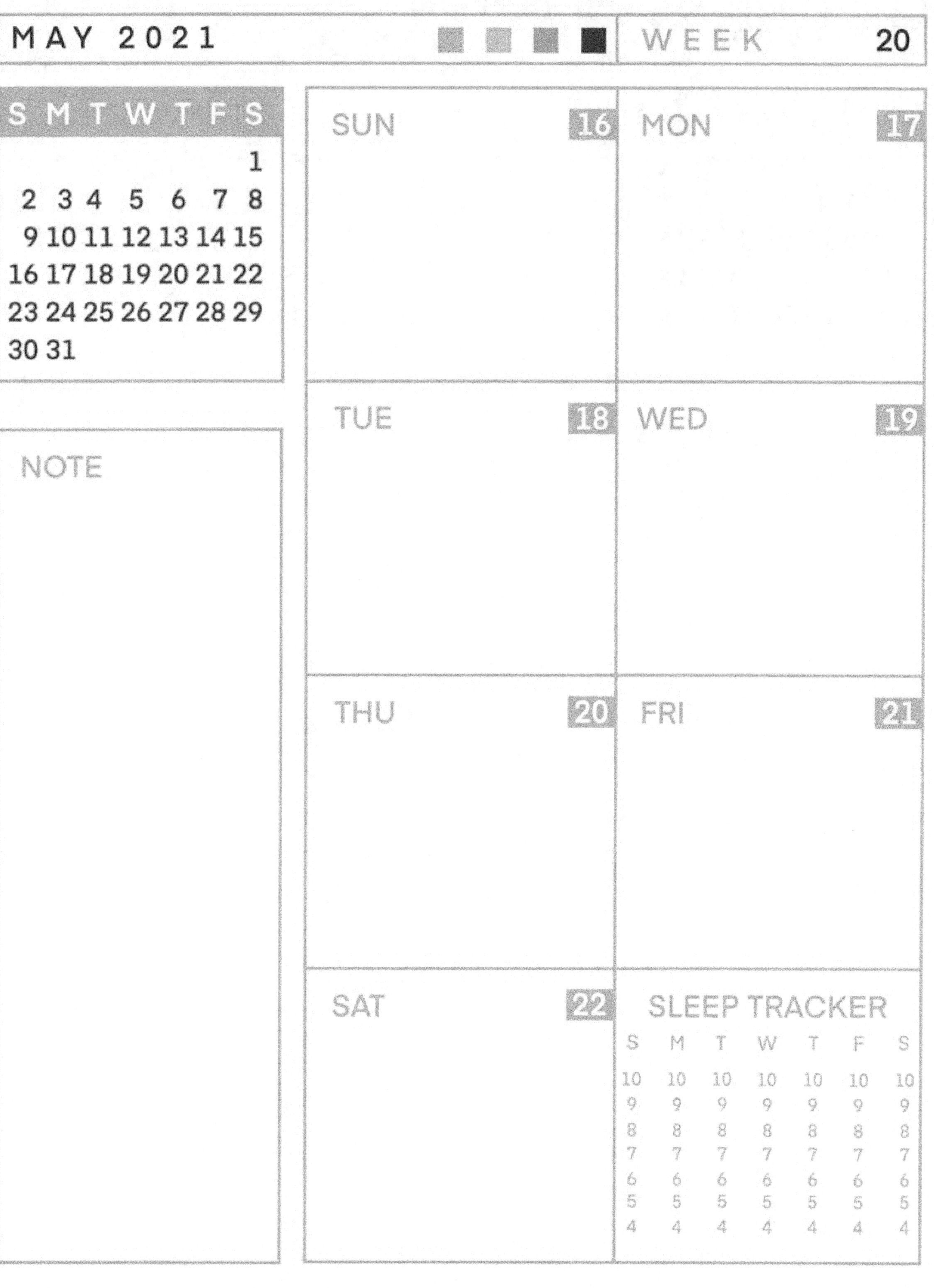

MAY 2021
WEEK 20
S M T W T F S
1
2 3 4 5 6 7 8
9 10 11 12 13 14 15
16 17 18 19 20 21 22
23 24 25 26 27 28 29
30 31
NOTE
SUN 16
MON 17
TUE 18
WED 19
THU 20
FRI 21
SAT 22
SLEEP TRACKER
S M T W T F S
10 10 10 10 10 10 10
9 9 9 9 9 9 9
8 8 8 8 8 8 8
7 7 7 7 7 7 7
6 6 6 6 6 6 6
5 5 5 5 5 5 5
4 4 4 4 4 4 4

S	M	T	W	T	F	S
						1
2	3	4	5	6	7	8
9	10	11	12	13	14	15
16	17	18	19	20	21	22
23	24	25	26	27	28	29
30	31					

NOTE

SUN 23

MON 24

TUE 25

WED 26

THU 27

FRI 28

SAT 29

SLEEP TRACKER

S	M	T	W	T	F	S
10	10	10	10	10	10	10
9	9	9	9	9	9	9
8	8	8	8	8	8	8
7	7	7	7	7	7	7
6	6	6	6	6	6	6
5	5	5	5	5	5	5
4	4	4	4	4	4	4

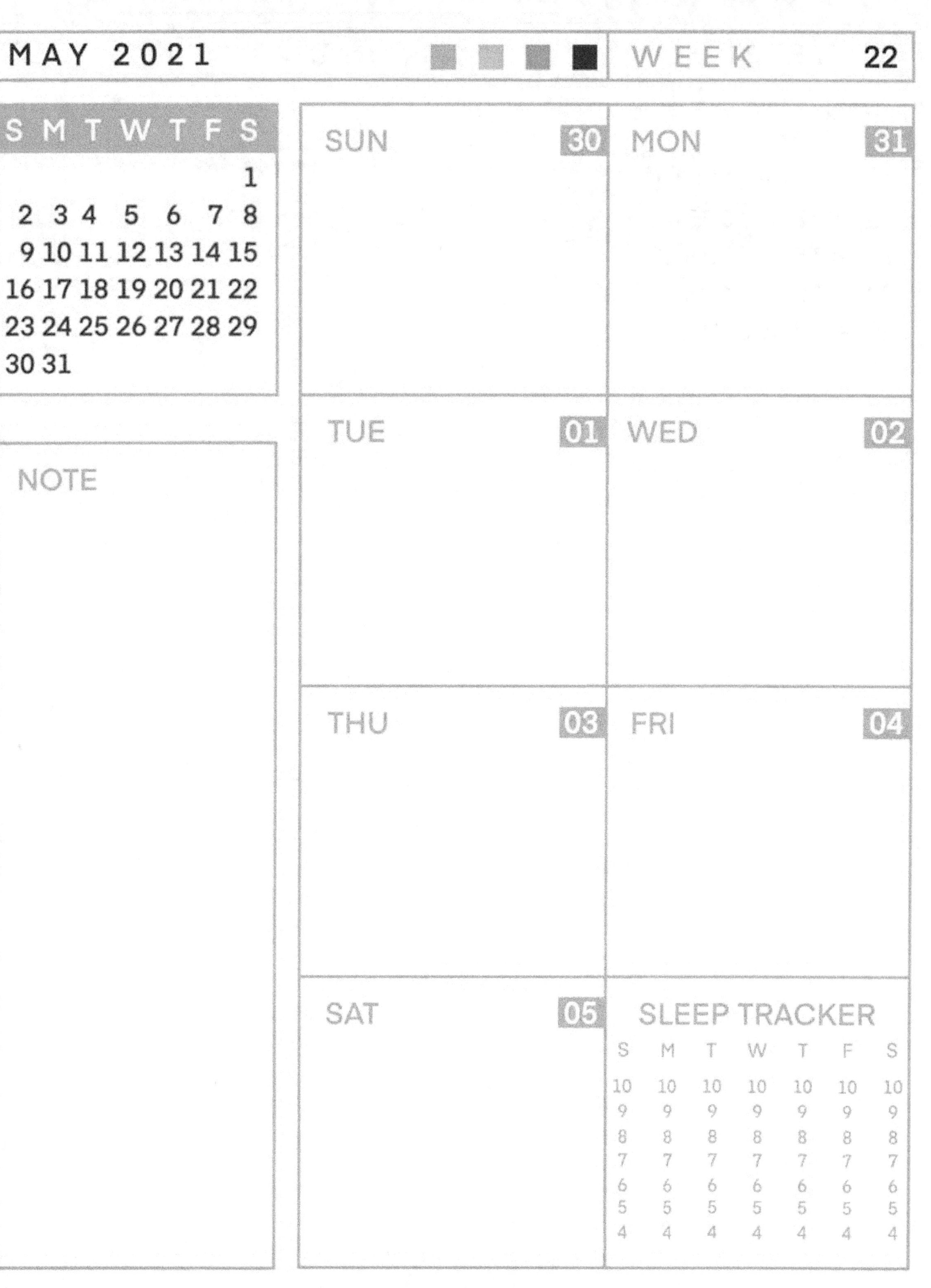

S	M	T	W	T	F	S
						1
2	3	4	5	6	7	8
9	10	11	12	13	14	15
16	17	18	19	20	21	22
23	24	25	26	27	28	29
30	31					

NOTE

SUN 30

MON 31

TUE 01

WED 02

THU 03

FRI 04

SAT 05

SLEEP TRACKER

S	M	T	W	T	F	S
10	10	10	10	10	10	10
9	9	9	9	9	9	9
8	8	8	8	8	8	8
7	7	7	7	7	7	7
6	6	6	6	6	6	6
5	5	5	5	5	5	5
4	4	4	4	4	4	4

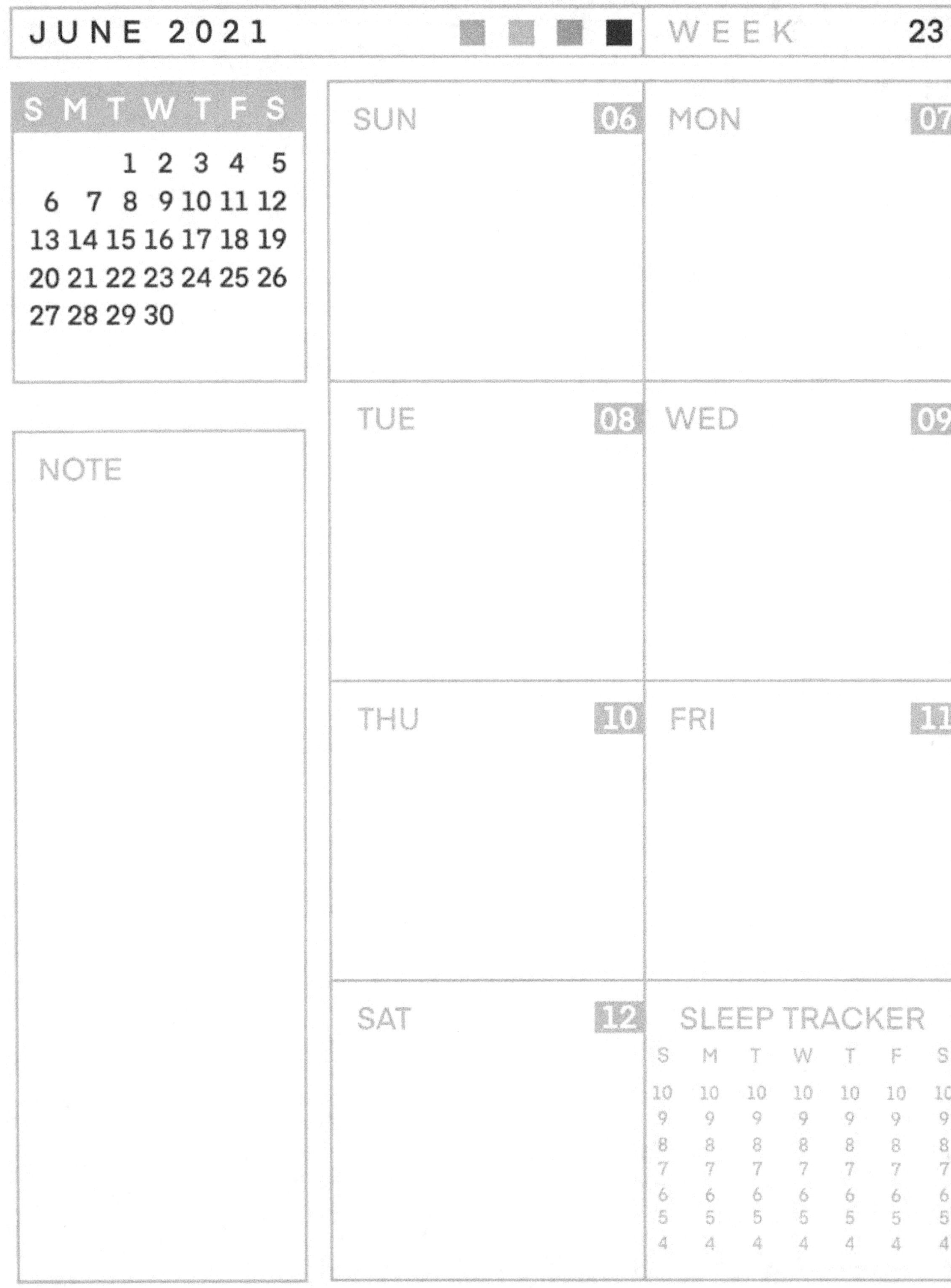

JUNE 2021
WEEK 23

S M T W T F S
1 2 3 4 5
6 7 8 9 10 11 12
13 14 15 16 17 18 19
20 21 22 23 24 25 26
27 28 29 30

SUN 06
MON 07
TUE 08
WED 09
THU 10
FRI 11
SAT 12

NOTE

SLEEP TRACKER
S M T W T F S
10 10 10 10 10 10 10
9 9 9 9 9 9 9
8 8 8 8 8 8 8
7 7 7 7 7 7 7
6 6 6 6 6 6 6
5 5 5 5 5 5 5
4 4 4 4 4 4 4

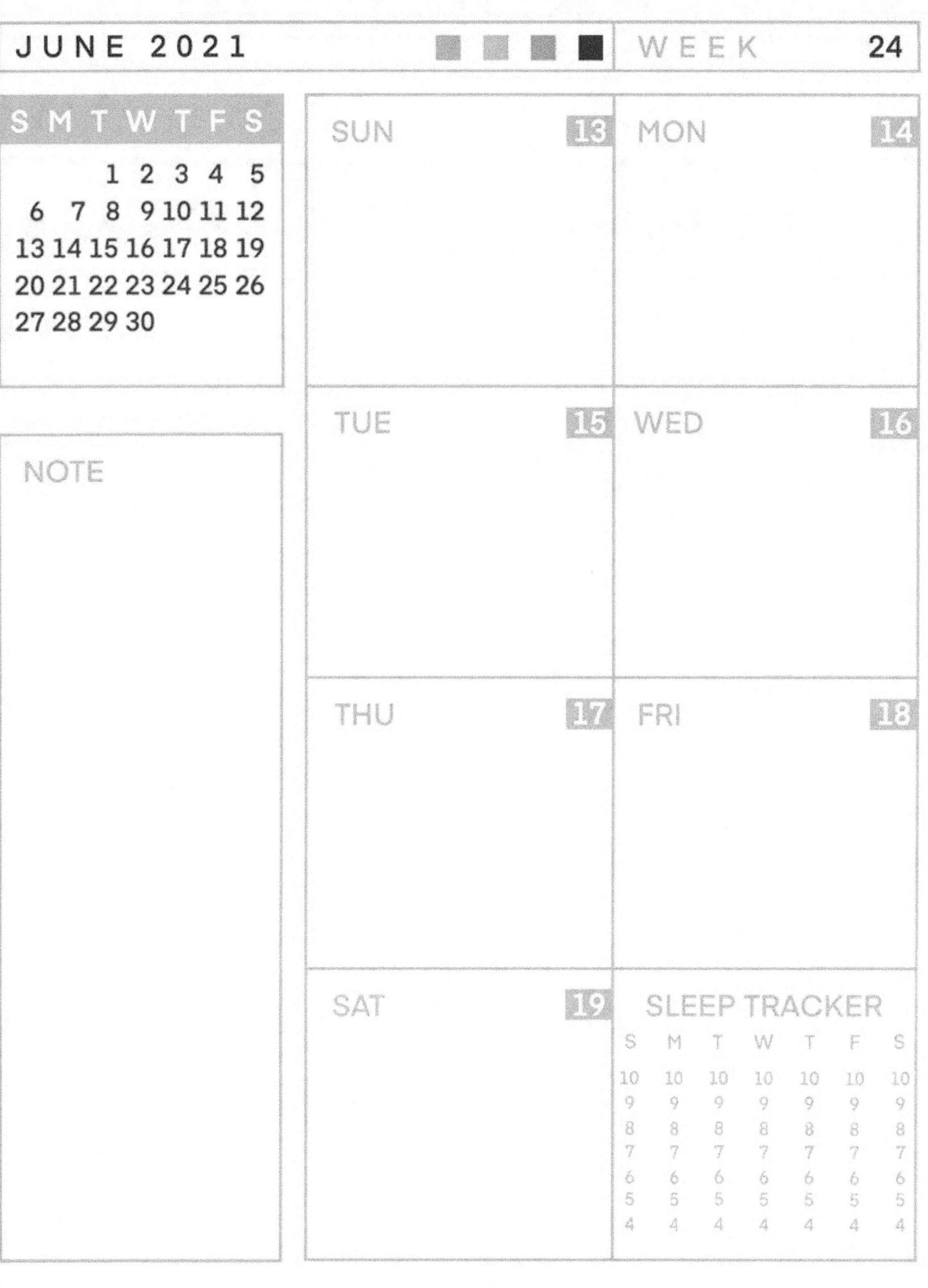

JUNE 2021
WEEK 24
S M T W T F S
1 2 3 4 5
6 7 8 9 10 11 12
13 14 15 16 17 18 19
20 21 22 23 24 25 26
27 28 29 30
NOTE
SUN 13
MON 14
TUE 15
WED 16
THU 17
FRI 18
SAT 19
SLEEP TRACKER
S M T W T F S
10 10 10 10 10 10 10
9 9 9 9 9 9 9
8 8 8 8 8 8 8
7 7 7 7 7 7 7
6 6 6 6 6 6 6
5 5 5 5 5 5 5
4 4 4 4 4 4 4

JUNE 2021

June 2021 Calendar

S	M	T	W	T	F	S
		1	2	3	4	5
6	7	8	9	10	11	12
13	14	15	16	17	18	19
20	21	22	23	24	25	26
27	28	29	30			

NOTE

SUN 20

MON 21

TUE 22

WED 23

THU 24

FRI 25

SAT 26

SLEEP TRACKER

S	M	T	W	T	F	S
10	10	10	10	10	10	10
9	9	9	9	9	9	9
8	8	8	8	8	8	8
7	7	7	7	7	7	7
6	6	6	6	6	6	6
5	5	5	5	5	5	5
4	4	4	4	4	4	4

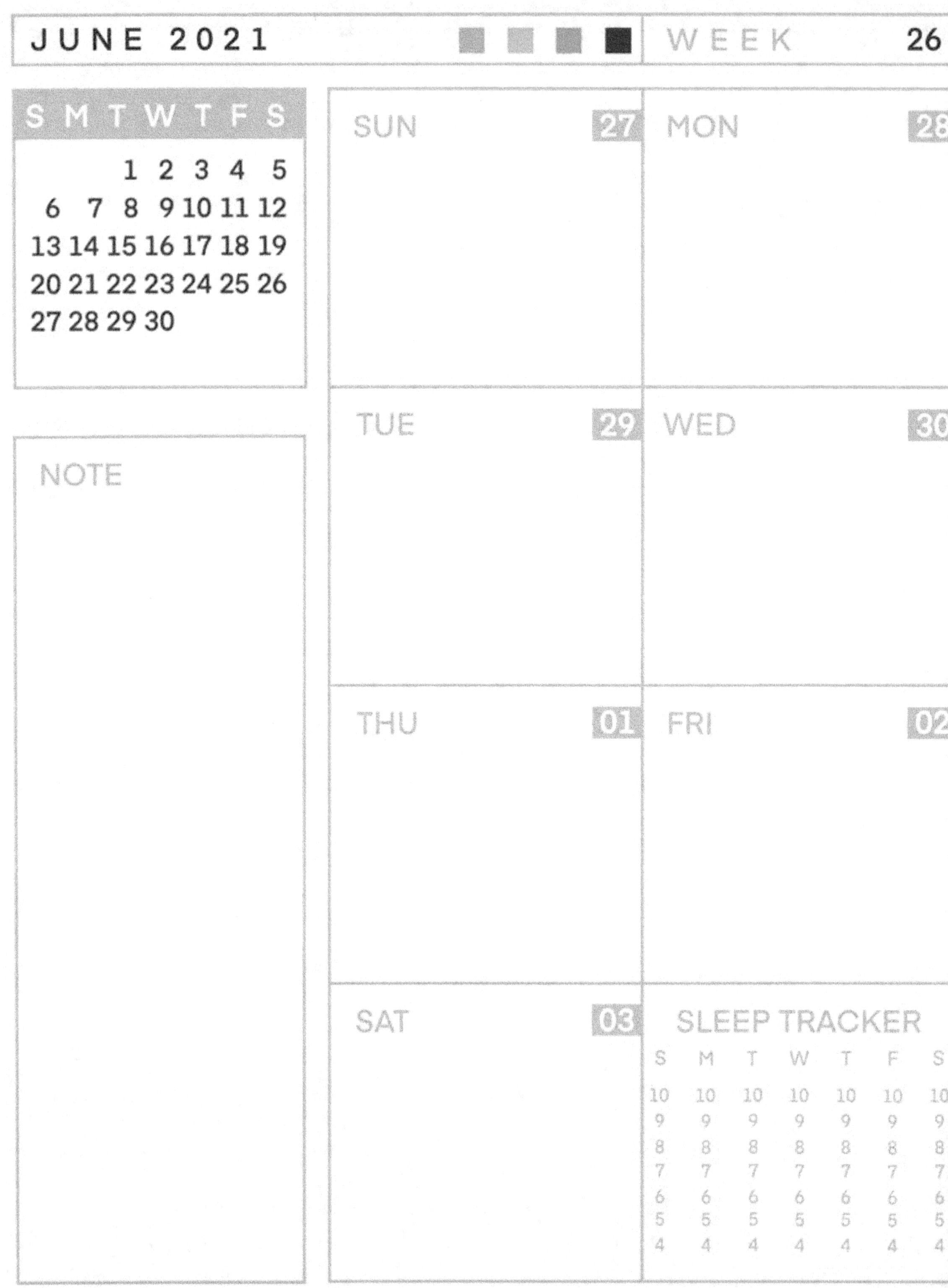

JUNE 2021
WEEK 26
S M T W T F S
1 2 3 4 5
6 7 8 9 10 11 12
13 14 15 16 17 18 19
20 21 22 23 24 25 26
27 28 29 30
NOTE
SUN 27
MON 28
TUE 29
WED 30
THU 01
FRI 02
SAT 03
SLEEP TRACKER
S M T W T F S
10 10 10 10 10 10 10
9 9 9 9 9 9 9
8 8 8 8 8 8 8
7 7 7 7 7 7 7
6 6 6 6 6 6 6
5 5 5 5 5 5 5
4 4 4 4 4 4 4

S	M	T	W	T	F	S
				1	2	3
4	5	6	7	8	9	10
11	12	13	14	15	16	17
18	19	20	21	22	23	24
25	26	27	28	29	30	31

NOTE

SUN 04

MON 05

TUE 06

WED 07

THU 08

FRI 09

SAT 10

SLEEP TRACKER

S	M	T	W	T	F	S
10	10	10	10	10	10	10
9	9	9	9	9	9	9
8	8	8	8	8	8	8
7	7	7	7	7	7	27
6	6	6	6	6	6	6
5	5	5	5	5	5	5
4	4	4	4	4	4	4

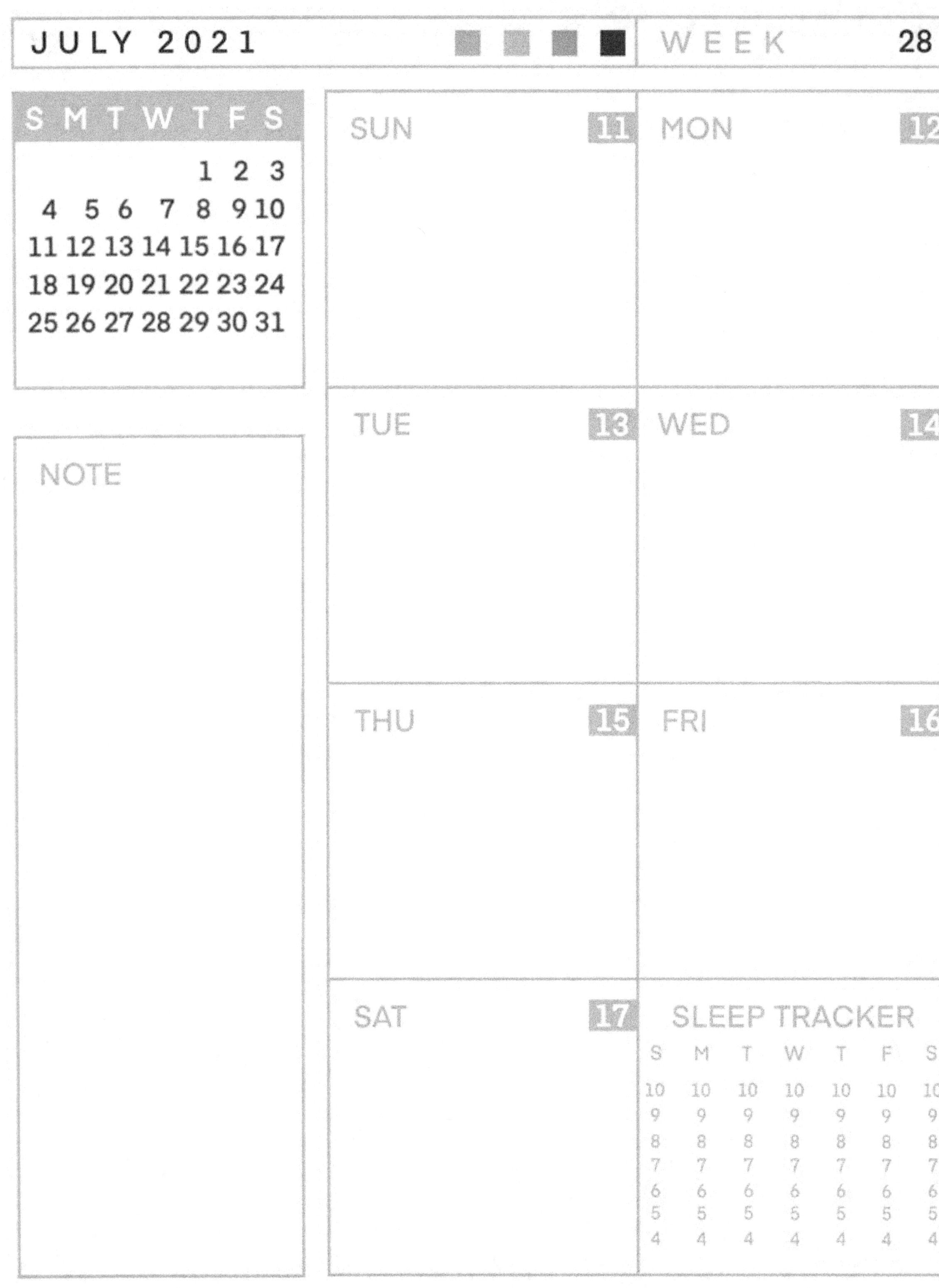

JULY 2021
WEEK 28

S M T W T F S
1 2 3
4 5 6 7 8 9 10
11 12 13 14 15 16 17
18 19 20 21 22 23 24
25 26 27 28 29 30 31

NOTE

SUN 11
MON 12
TUE 13
WED 14
THU 15
FRI 16
SAT 17

SLEEP TRACKER
S M T W T F S
10 10 10 10 10 10 10
9 9 9 9 9 9 9
8 8 8 8 8 8 8
7 7 7 7 7 7 7
6 6 6 6 6 6 6
5 5 5 5 5 5 5
4 4 4 4 4 4 4

S	M	T	W	T	F	S
				1	2	3
4	5	6	7	8	9	10
11	12	13	14	15	16	17
18	19	20	21	22	23	24
25	26	27	28	29	30	31

NOTE

SUN 18

MON 19

TUE 20

WED 21

THU 22

FRI 23

SAT 24

SLEEP TRACKER

S	M	T	W	T	F	S
10	10	10	10	10	10	10
9	9	9	9	9	9	9
8	8	8	8	8	8	8
7	7	7	7	7	7	7
6	6	6	6	6	6	6
5	5	5	5	5	5	5
4	4	4	4	4	4	4

S	M	T	W	T	F	S
				1	2	3
4	5	6	7	8	9	10
11	12	13	14	15	16	17
18	19	20	21	22	23	24
25	26	27	28	29	30	31

NOTE

SUN 25

MON 26

TUE 27

WED 28

THU 29

FRI 30

SAT 31

SLEEP TRACKER

S	M	T	W	T	F	S
10	10	10	10	10	10	10
9	9	9	9	9	9	9
8	8	8	8	8	8	8
7	7	7	7	7	7	7
6	6	6	6	6	6	6
5	5	5	5	5	5	5
4	4	4	4	4	4	4

S M T W T F S

1 2 3 4 5 6 7
8 9 10 11 12 13 14
15 16 17 18 19 20 21
22 23 24 25 26 27 28
29 30 31

NOTE

SUN 01	MON 02
TUE 03	WED 04
THU 05	FRI 06
SAT 07	

SLEEP TRACKER

S	M	T	W	T	F	S
10	10	10	10	10	10	10
9	9	9	9	9	9	9
8	8	8	8	8	8	8
7	7	7	7	7	7	7
6	6	6	6	6	6	6
5	5	5	5	5	5	5
4	4	4	4	4	4	4

S	M	T	W	T	F	S
1	2	3	4	5	6	7
8	9	10	11	12	13	14
15	16	17	18	19	20	21
22	23	24	25	26	27	28
29	30	31				

NOTE

SUN 08

MON 09

TUE 10

WED 11

THU 12

FRI 13

SAT 14

SLEEP TRACKER

S	M	T	W	T	F	S
10	10	10	10	10	10	10
9	9	9	9	9	9	9
8	8	8	8	8	8	8
7	7	7	7	7	7	7
6	6	6	6	6	6	6
5	5	5	5	5	5	5
4	4	4	4	4	4	4

AUGUST 2021

WEEK 33

S	M	T	W	T	F	S
1	2	3	4	5	6	7
8	9	10	11	12	13	14
15	16	17	18	19	20	21
22	23	24	25	26	27	28
29	30	31				

NOTE

SUN 15

MON 16

TUE 17

WED 18

THU 19

FRI 20

SAT 21

SLEEP TRACKER

S	M	T	W	T	F	S
10	10	10	10	10	10	10
9	9	9	9	9	9	9
8	8	8	8	8	8	8
7	7	7	7	7	7	7
6	6	6	6	6	6	6
5	5	5	5	5	5	5
4	4	4	4	4	4	4

S	M	T	W	T	F	S
1	2	3	4	5	6	7
8	9	10	11	12	13	14
15	16	17	18	19	20	21
22	23	24	25	26	27	28
29	30	31				

NOTE

SUN 22

MON 23

TUE 24

WED 25

THU 26

FRI 27

SAT 28

SLEEP TRACKER

S	M	T	W	T	F	S
10	10	10	10	10	10	10
9	9	9	9	9	9	9
8	8	8	8	8	8	8
7	7	7	7	7	7	7
6	6	6	6	6	6	6
5	5	5	5	5	5	5
4	4	4	4	4	4	4

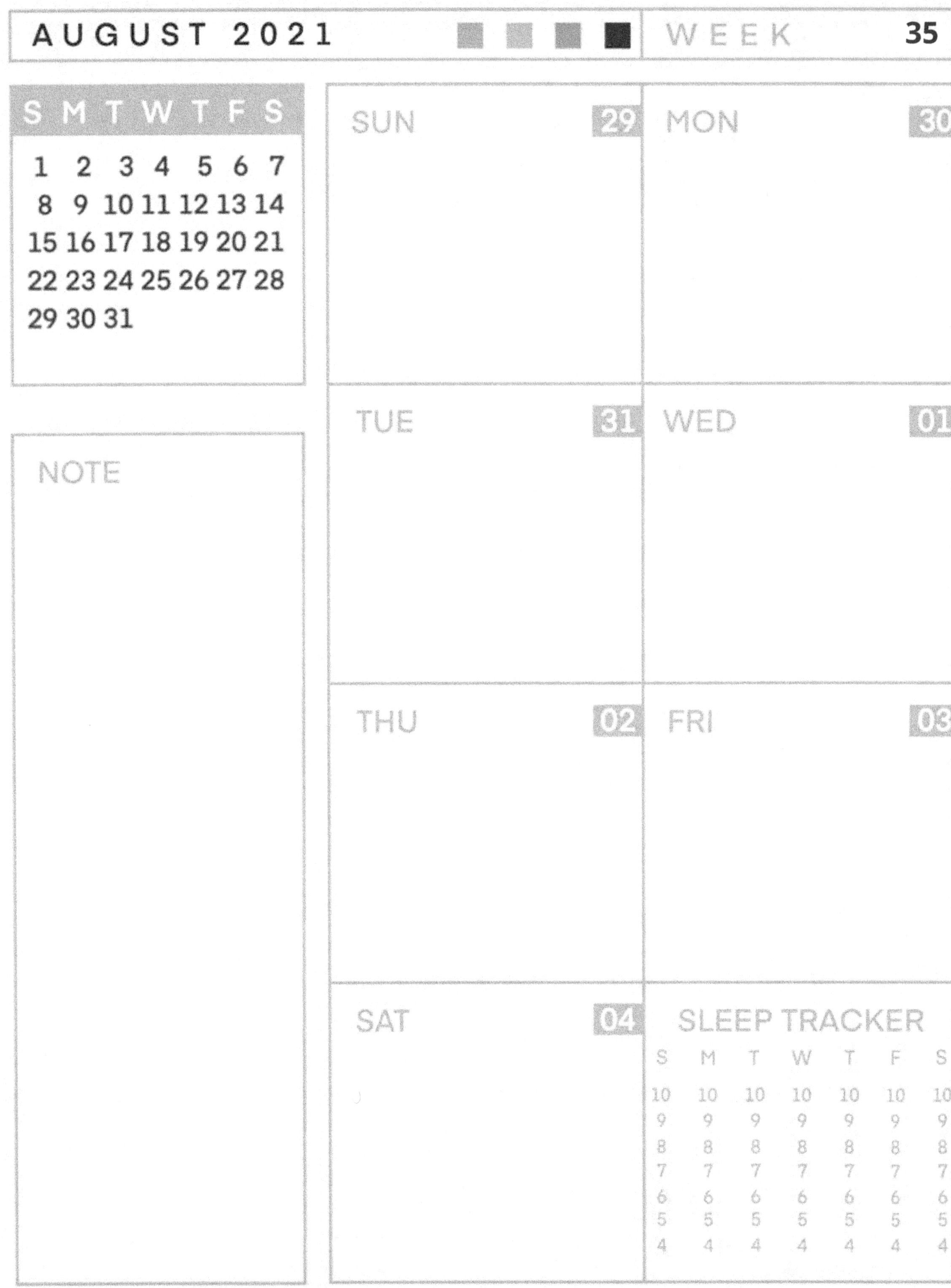

S	M	T	W	T	F	S
1	2	3	4	5	6	7
8	9	10	11	12	13	14
15	16	17	18	19	20	21
22	23	24	25	26	27	28
29	30	31				

NOTE

SUN 29

MON 30

TUE 31

WED 01

THU 02

FRI 03

SAT 04

SLEEP TRACKER

S	M	T	W	T	F	S
10	10	10	10	10	10	10
9	9	9	9	9	9	9
8	8	8	8	8	8	8
7	7	7	7	7	7	7
6	6	6	6	6	6	6
5	5	5	5	5	5	5
4	4	4	4	4	4	4

S	M	T	W	T	F	S
			1	2	3	4
5	6	7	8	9	10	11
12	13	14	15	16	17	18
19	20	21	22	23	24	25
26	27	28	29	30		

NOTE

SUN 05

MON 06

TUE 07

WED 08

THU 09

FRI 10

SAT 11

SLEEP TRACKER

S	M	T	W	T	F	S
10	10	10	10	10	10	10
9	9	9	9	9	9	9
8	8	8	8	8	8	8
7	7	7	7	7	7	7
6	6	6	6	6	6	6
5	5	5	5	5	5	5
4	4	4	4	4	4	4

S	M	T	W	T	F	S
				1	2	3	4
5	6	7	8	9	10	11
12	13	14	15	16	17	18
19	20	21	22	23	24	25
26	27	28	29	30		

NOTE

SUN 12

MON 13

TUE 14

WED 15

THU 16

FRI 17

SAT 18

SLEEP TRACKER

S	M	T	W	T	F	S
10	10	10	10	10	10	10
9	9	9	9	9	9	9
8	8	8	8	8	8	8
7	7	7	7	7	7	7
6	6	6	6	6	6	6
5	5	5	5	5	5	5
4	4	4	4	4	4	4

S	M	T	W	T	F	S
				1	2	3	4
5	6	7	8	9	10	11
12	13	14	15	16	17	18
19	20	21	22	23	24	25
26	27	28	29	30		

NOTE

SUN 19

MON 20

TUE 21

WED 22

THU 23

FRI 24

SAT 25

SLEEP TRACKER

S	M	T	W	T	F	S
10	10	10	10	10	10	10
9	9	9	9	9	9	9
8	8	8	8	8	8	8
7	7	7	7	7	7	7
6	6	6	6	6	6	6
5	5	5	5	5	5	5
4	4	4	4	4	4	4

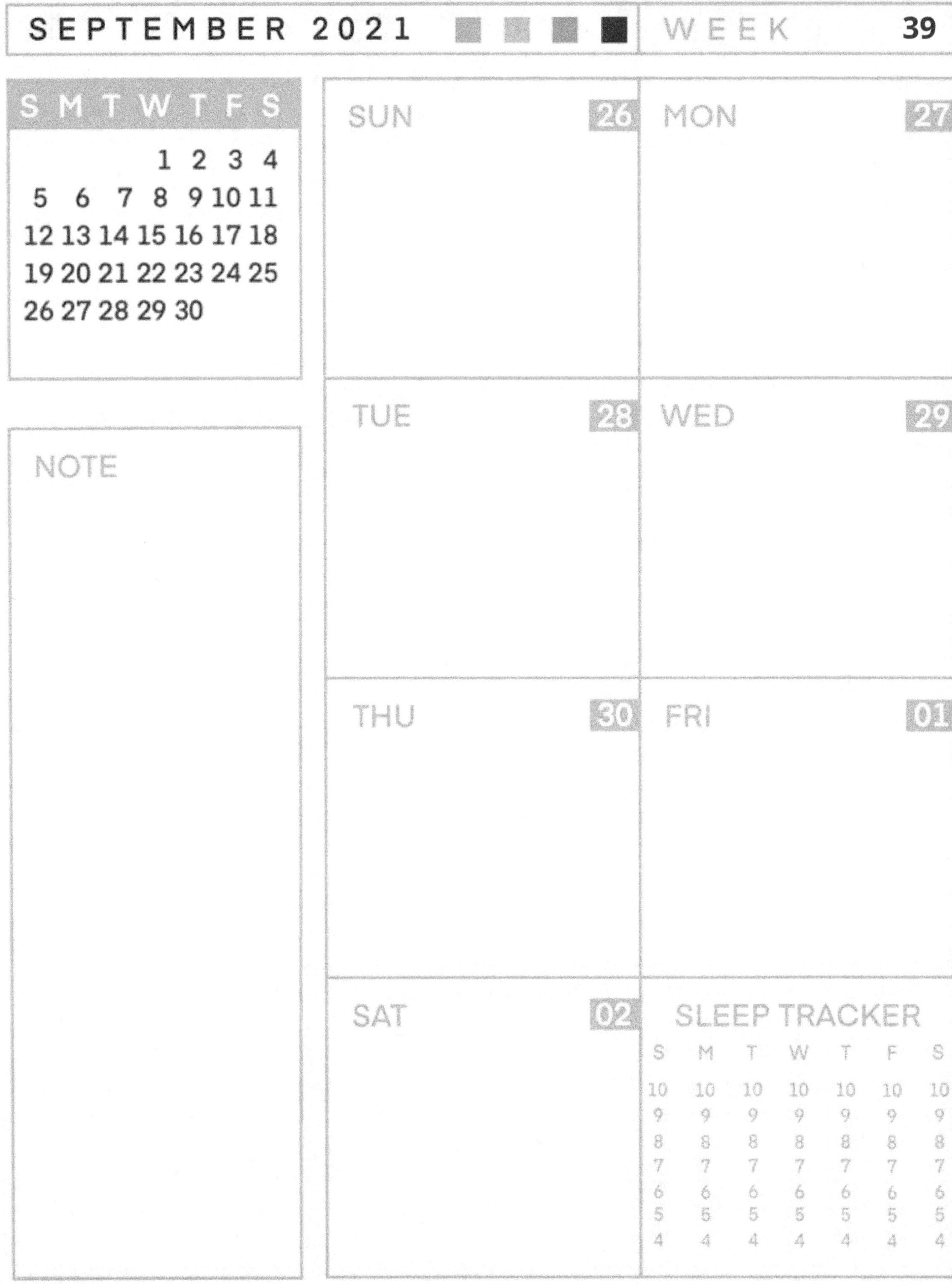

SEPTEMBER 2021
WEEK
39

S M T W T F S
1 2 3 4
5 6 7 8 9 10 11
12 13 14 15 16 17 18
19 20 21 22 23 24 25
26 27 28 29 30

NOTE

SUN 26
MON 27
TUE 28
WED 29
THU 30
FRI 01
SAT 02

SLEEP TRACKER
S M T W T F S
10 10 10 10 10 10 10
9 9 9 9 9 9 9
8 8 8 8 8 8 8
7 7 7 7 7 7 7
6 6 6 6 6 6 6
5 5 5 5 5 5 5
4 4 4 4 4 4 4

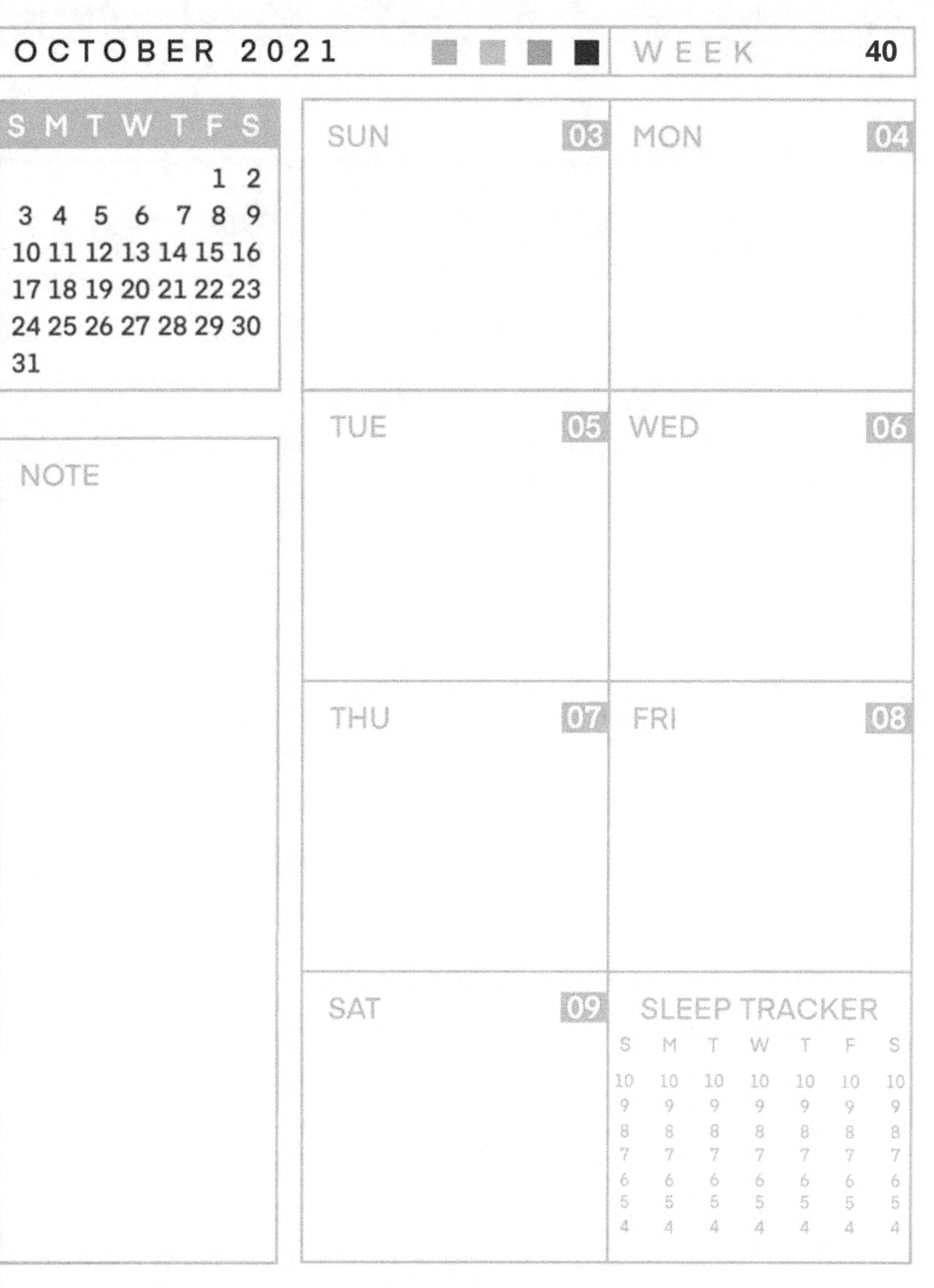

OCTOBER 2021
WEEK 40

S M T W T F S
1 2
3 4 5 6 7 8 9
10 11 12 13 14 15 16
17 18 19 20 21 22 23
24 25 26 27 28 29 30
31

NOTE

SUN 03
MON 04
TUE 05
WED 06
THU 07
FRI 08
SAT 09

SLEEP TRACKER
S M T W T F S
10 10 10 10 10 10 10
9 9 9 9 9 9 9
8 8 8 8 8 8 8
7 7 7 7 7 7 7
6 6 6 6 6 6 6
5 5 5 5 5 5 5
4 4 4 4 4 4 4

OCTOBER 2021

S	M	T	W	T	F	S
					1	2
3	4	5	6	7	8	9
10	11	12	13	14	15	16
17	18	19	20	21	22	23
24	25	26	27	28	29	30
31						

NOTE

SUN 10

MON 11

TUE 12

WED 13

THU 14

FRI 15

SAT 16

SLEEP TRACKER

S	M	T	W	T	F	S
10	10	10	10	10	10	10
9	9	9	9	9	9	9
8	8	8	8	8	8	8
7	7	7	7	7	7	7
6	6	6	6	6	6	6
5	5	5	5	5	5	5
4	4	4	4	4	4	4

S	M	T	W	T	F	S
					1	2
3	4	5	6	7	8	9
10	11	12	13	14	15	16
17	18	19	20	21	22	23
24	25	26	27	28	29	30
31						

NOTE

SUN 17

MON 18

TUE 19

WED 20

THU 21

FRI 22

SAT 23

SLEEP TRACKER

S	M	T	W	T	F	S
10	10	10	10	10	10	10
9	9	9	9	9	9	9
8	8	8	8	8	8	8
7	7	7	7	7	7	7
6	6	6	6	6	6	6
5	5	5	5	5	5	5
4	4	4	4	4	4	4

S	M	T	W	T	F	S
					1	2
3	4	5	6	7	8	9
10	11	12	13	14	15	16
17	18	19	20	21	22	23
24	25	26	27	28	29	30
31						

NOTE

SUN 24

MON 25

TUE 26

WED 27

THU 28

FRI 29

SAT 30

SLEEP TRACKER

S	M	T	W	T	F	S
10	10	10	10	10	10	10
9	9	9	9	9	9	9
8	8	8	8	8	8	8
7	7	7	7	7	7	7
6	6	6	6	6	6	6
5	5	5	5	5	5	5
4	4	4	4	4	4	4

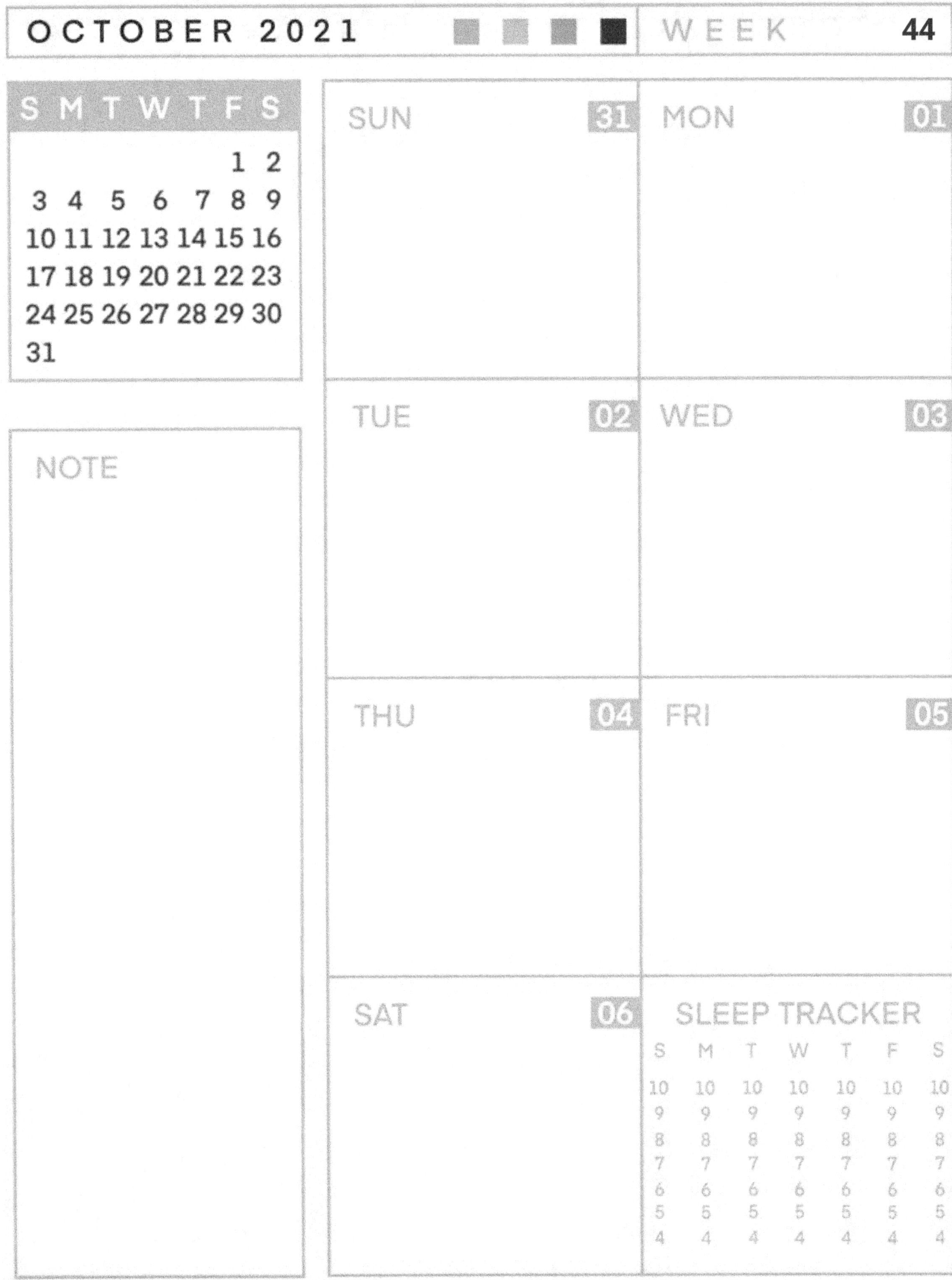

OCTOBER 2021
WEEK
44
S M T W T F S
1 2
3 4 5 6 7 8 9
10 11 12 13 14 15 16
17 18 19 20 21 22 23
24 25 26 27 28 29 30
31
NOTE
SUN 31
MON 01
TUE 02
WED 03
THU 04
FRI 05
SAT 06
SLEEP TRACKER
S M T W T F S
10 10 10 10 10 10 10
9 9 9 9 9 9 9
8 8 8 8 8 8 8
7 7 7 7 7 7 7
6 6 6 6 6 6 6
5 5 5 5 5 5 5
4 4 4 4 4 4 4

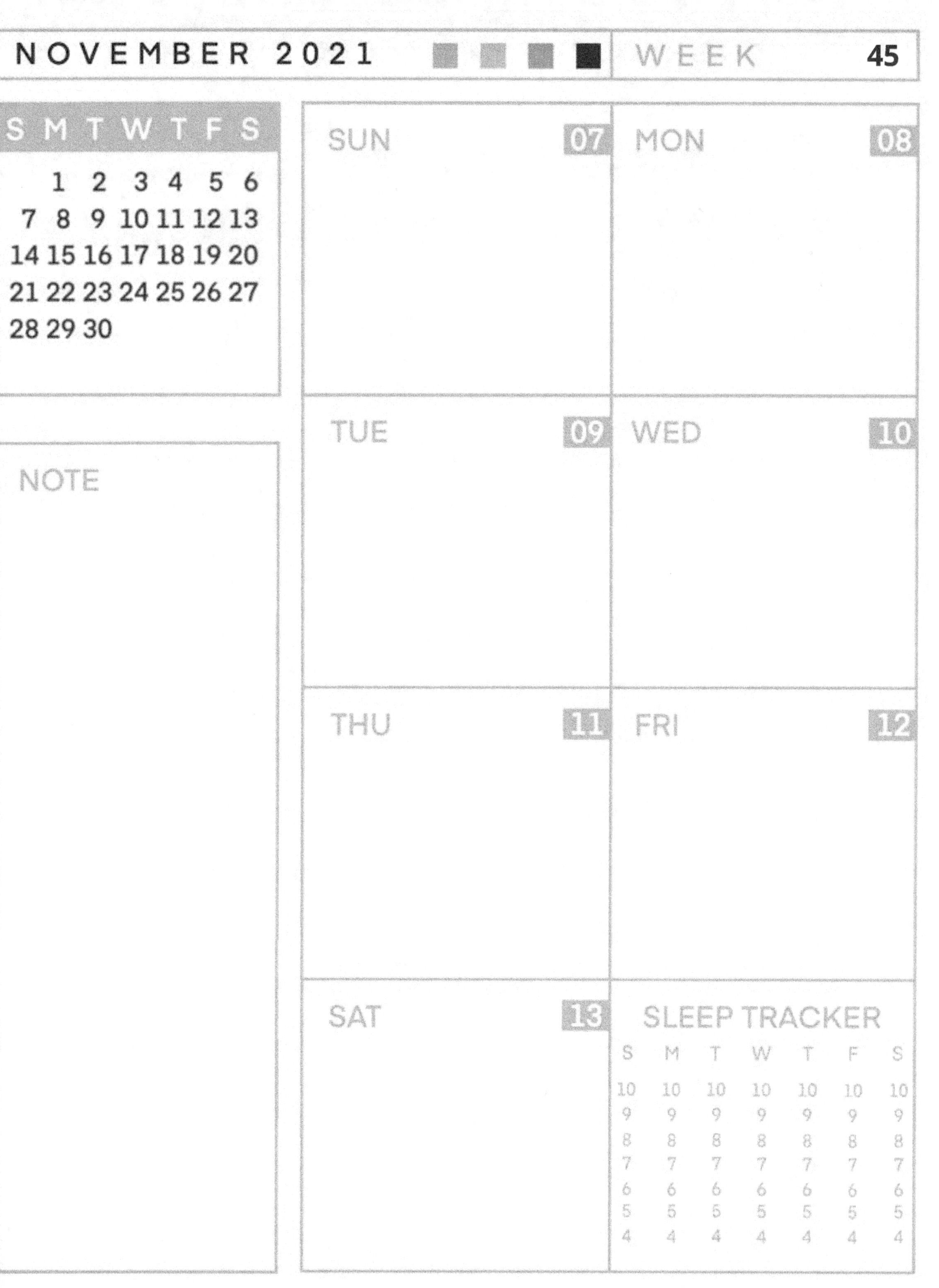

NOVEMBER 2021
WEEK 45

S M T W T F S
1 2 3 4 5 6
7 8 9 10 11 12 13
14 15 16 17 18 19 20
21 22 23 24 25 26 27
28 29 30

NOTE

SUN 07
MON 08
TUE 09
WED 10
THU 11
FRI 12
SAT 13

SLEEP TRACKER
S M T W T F S
10 10 10 10 10 10 10
9 9 9 9 9 9 9
8 8 8 8 8 8 8
7 7 7 7 7 7 7
6 6 6 6 6 6 6
5 5 5 5 5 5 5
4 4 4 4 4 4 4

S	M	T	W	T	F	S
	1	2	3	4	5	6
7	8	9	10	11	12	13
14	15	16	17	18	19	20
21	22	23	24	25	26	27
28	29	30				

NOTE

SUN 14

MON 15

TUE 16

WED 17

THU 18

FRI 19

SAT 20

SLEEP TRACKER

S	M	T	W	T	F	S
10	10	10	10	10	10	10
9	9	9	9	9	9	9
8	8	8	8	8	8	8
7	7	7	7	7	7	7
6	6	6	6	6	6	6
5	5	5	5	5	5	5
4	4	4	4	4	4	4

NOVEMBER 2021

S	M	T	W	T	F	S
					1	2	3	4	5	6
7	8	9	10	11	12	13
14	15	16	17	18	19	20
21	22	23	24	25	26	27
28	29	30				

NOTE

SUN 21	MON 22
TUE 23	WED 24
THU 25	FRI 26
SAT 27	SLEEP TRACKER

SLEEP TRACKER

S	M	T	W	T	F	S
10	10	10	10	10	10	10
9	9	9	9	9	9	9
8	8	8	8	8	8	8
7	7	7	7	7	7	7
6	6	6	6	6	6	6
5	5	5	5	5	5	5
4	4	4	4	4	4	4

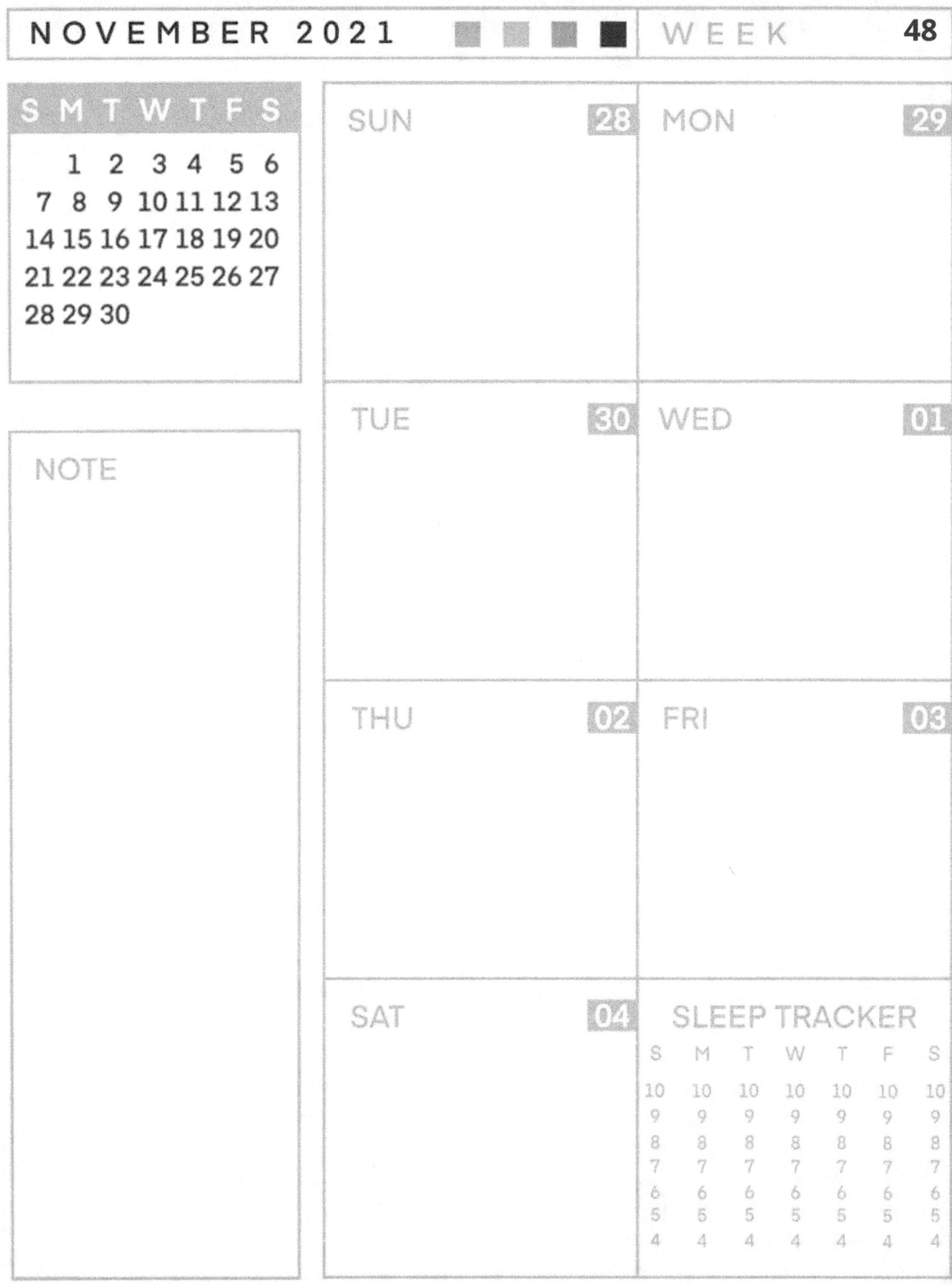

NOVEMBER 2021
WEEK 48

S M T W T F S
1 2 3 4 5 6
7 8 9 10 11 12 13
14 15 16 17 18 19 20
21 22 23 24 25 26 27
28 29 30

NOTE

SUN 28
MON 29
TUE 30
WED 01
THU 02
FRI 03
SAT 04

SLEEP TRACKER
S M T W T F S
10 10 10 10 10 10 10
9 9 9 9 9 9 9
8 8 8 8 8 8 8
7 7 7 7 7 7 7
6 6 6 6 6 6 6
5 5 5 5 5 5 5
4 4 4 4 4 4 4

S	M	T	W	T	F	S
			1	2	3	4
5	6	7	8	9	10	11
12	13	14	15	16	17	18
19	20	21	22	23	24	25
26	27	28	29	30	31	

NOTE

SUN 05

MON 06

TUE 07

WED 08

THU 09

FRI 10

SAT 11

SLEEP TRACKER

S	M	T	W	T	F	S
10	10	10	10	10	10	10
9	9	9	9	9	9	9
8	8	8	8	8	8	8
7	7	7	7	7	7	7
6	6	6	6	6	6	6
5	5	5	5	5	5	5
4	4	4	4	4	4	4

DECEMBER 2021

S M T W T F S

			1	2	3	4
5	6	7	8	9	10	11
12	13	14	15	16	17	18
19	20	21	22	23	24	25
26	27	28	29	30	31	

NOTE

SUN 12

MON 13

TUE 14

WED 15

THU 16

FRI 17

SAT 18

SLEEP TRACKER

S	M	T	W	T	F	S
10	10	10	10	10	10	10
9	9	9	9	9	9	9
8	8	8	8	8	8	8
7	7	7	7	7	7	7
6	6	6	6	6	6	6
5	5	5	5	5	5	5
4	4	4	4	4	4	4

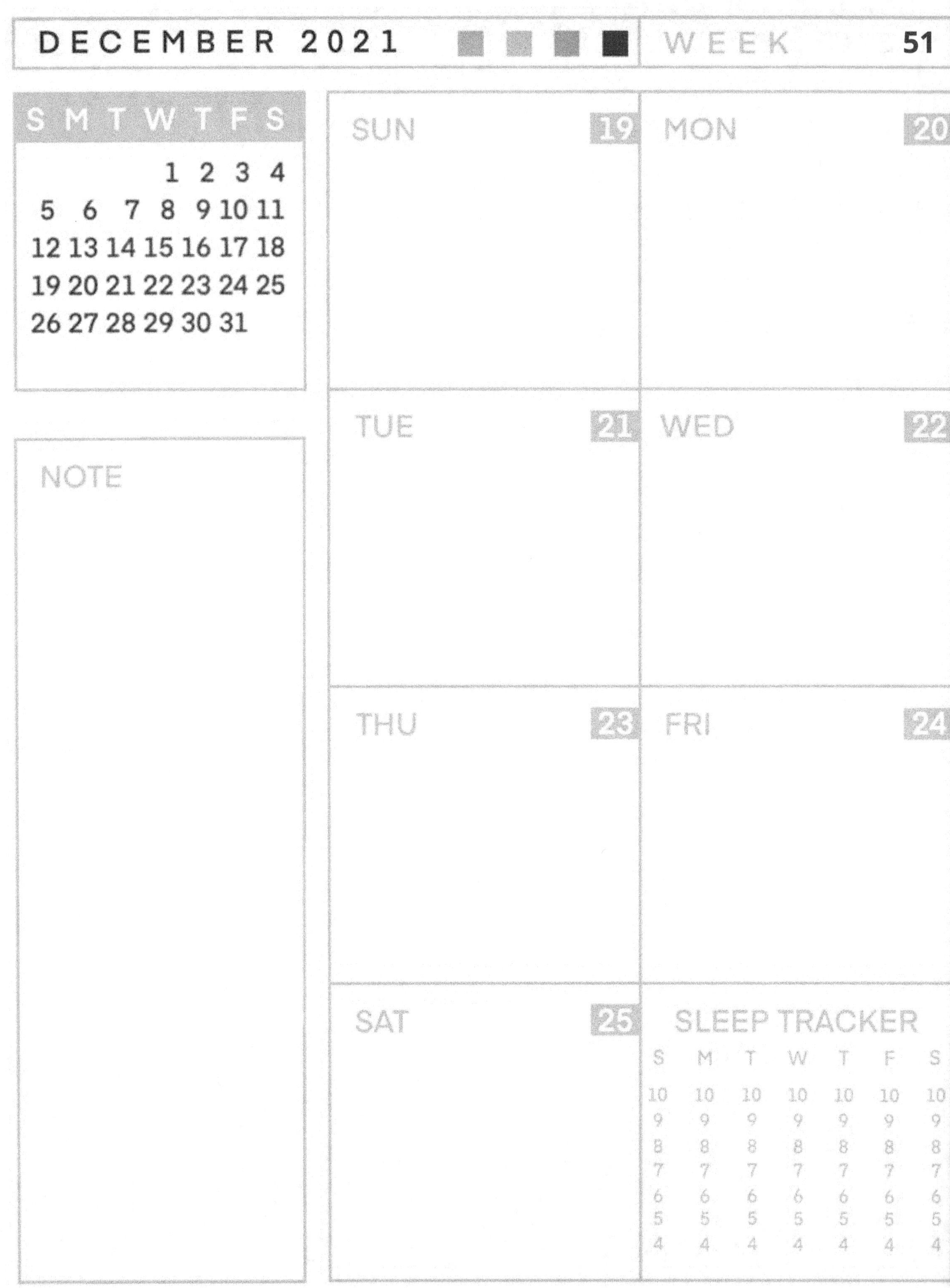

DECEMBER 2021
WEEK 51

S M T W T F S
1 2 3 4
5 6 7 8 9 10 11
12 13 14 15 16 17 18
19 20 21 22 23 24 25
26 27 28 29 30 31

NOTE

SUN 19
MON 20
TUE 21
WED 22
THU 23
FRI 24
SAT 25

SLEEP TRACKER
S M T W T F S
10 10 10 10 10 10 10
9 9 9 9 9 9 9
8 8 8 8 8 8 8
7 7 7 7 7 7 7
6 6 6 6 6 6 6
5 5 5 5 5 5 5
4 4 4 4 4 4 4

S	M	T	W	T	F	S
			1	2	3	4
5	6	7	8	9	10	11
12	13	14	15	16	17	18
19	20	21	22	23	24	25
26	27	28	29	30	31	

NOTE

SUN	26	MON	27

TUE	28	WED	29

THU	30	FRI	31

SAT	01

SLEEP TRACKER

S	M	T	W	T	F	S
10	10	10	10	10	10	10
9	9	9	9	9	9	9
8	8	8	8	8	8	8
7	7	7	7	7	7	7
6	6	6	6	6	6	6
5	5	5	5	5	5	5
4	4	4	4	4	4	4

Wait for us
in 2022